全集

伝え継ぐ　日本の家庭料理

汁もの

（一社）日本調理科学会　企画・編集

はじめに

日本は四方を海に囲まれ、南北に長く、気候風土が地域によって大きく異なります。このため各地でとれる食材が異なり、その土地の歴史や生活の習慣などともかかわりあって、地域独特の食文化が形成されています。地域の味は、親から子、人から人へと伝えられていくものですが、食の外部化が進んだ現在ではその伝承が難しくなっています。このシリーズは、日本人の食生活がその地域ごとにはっきりした特色があったとされる、およそ昭和35年から45年までの間に各地域に定着していた家庭料理を、日本全国での聞き書き調査により掘り起こして紹介しています。

本書では、全国の汁ものを集めました。「一汁一菜」「一汁三菜」などの言葉があるように、おかずの数は変わっても、ご飯と汁もののセットは日本の食事の基本になっています。土地ごと、季節ごとの材料を使い、汁ものはいつも食卓にありました(*)。

魚の汁は、身はもちろんアラや内臓も豪快に煮こんで深い旨みを味わいます。かにをすりつぶしたり、いかの墨を加えた汁もあります。小さめの魚や小骨の多い魚は、たたいてすり身にするひと手間で、老若男女がおいしく食べられる汁になります。

あさつきやあおさの汁は春を告げる香りです。夏にはきゅうりやなすにごまを加えた汁で元気になり、秋冬はれんこんや里芋などでとろみのついた汁が体を芯から温めます。酒粕を加えた粕汁や、大豆をすりつぶした呉汁は汁自体が濃厚な滋養食です。くじらや鶏、豚や山羊もごちそうの汁になりました。ハレの日のだんごの汁もあれば、いもや雑穀のだんごで汁の実を増やした日常の汁もあり、家々の数だけ「わが家の汁」がつくられています。

聞き書き調査は日本調理科学会の会員が47都道府県の各地域で行ない、地元の方々にご協力いただきながら、できるだけ家庭でつくりやすいレシピとしました。実際につくってみることで、読者の皆さん自身の味になり、そこで新たな工夫や思い出が生まれれば幸いです。

2019年11月

一般社団法人 日本調理科学会 創立50周年記念出版委員会

*汁けの多い料理のうち、すいとんなどのようにだんごや麺の割合が多く、一品で主食を兼ねるものは「そば・うどん・粉もの」で紹介します。

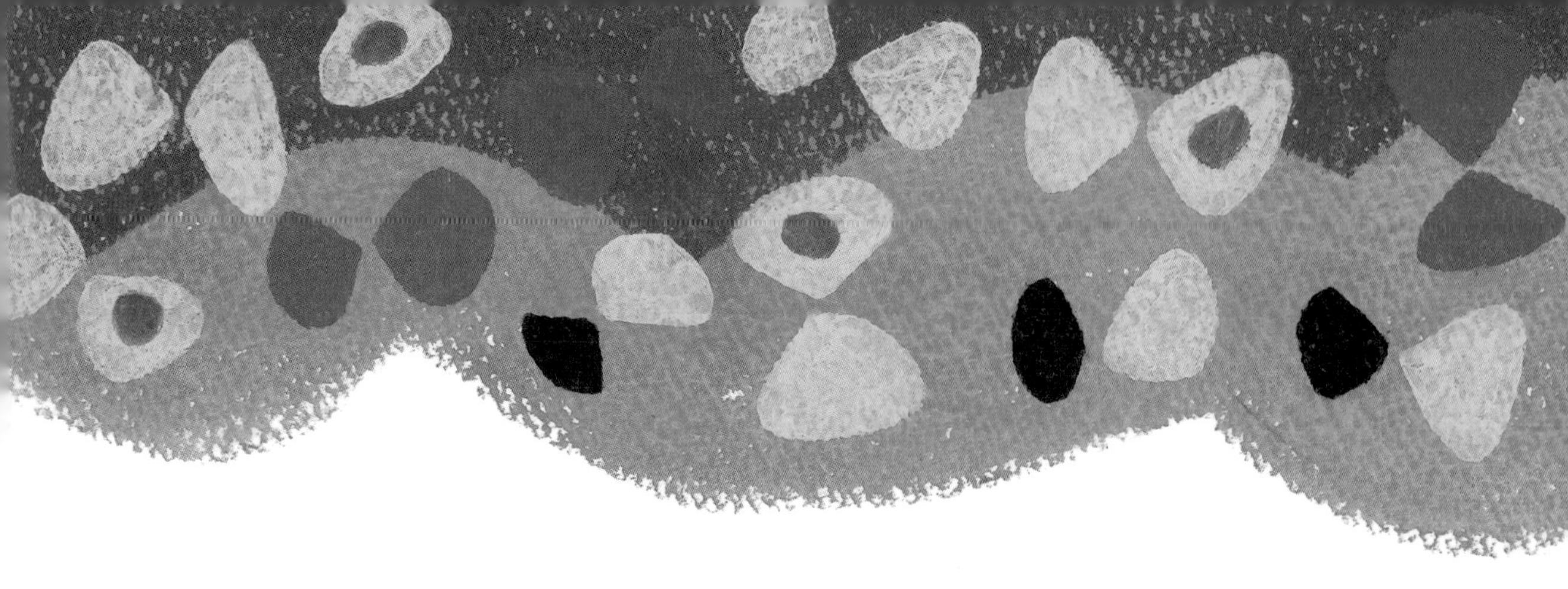

目次

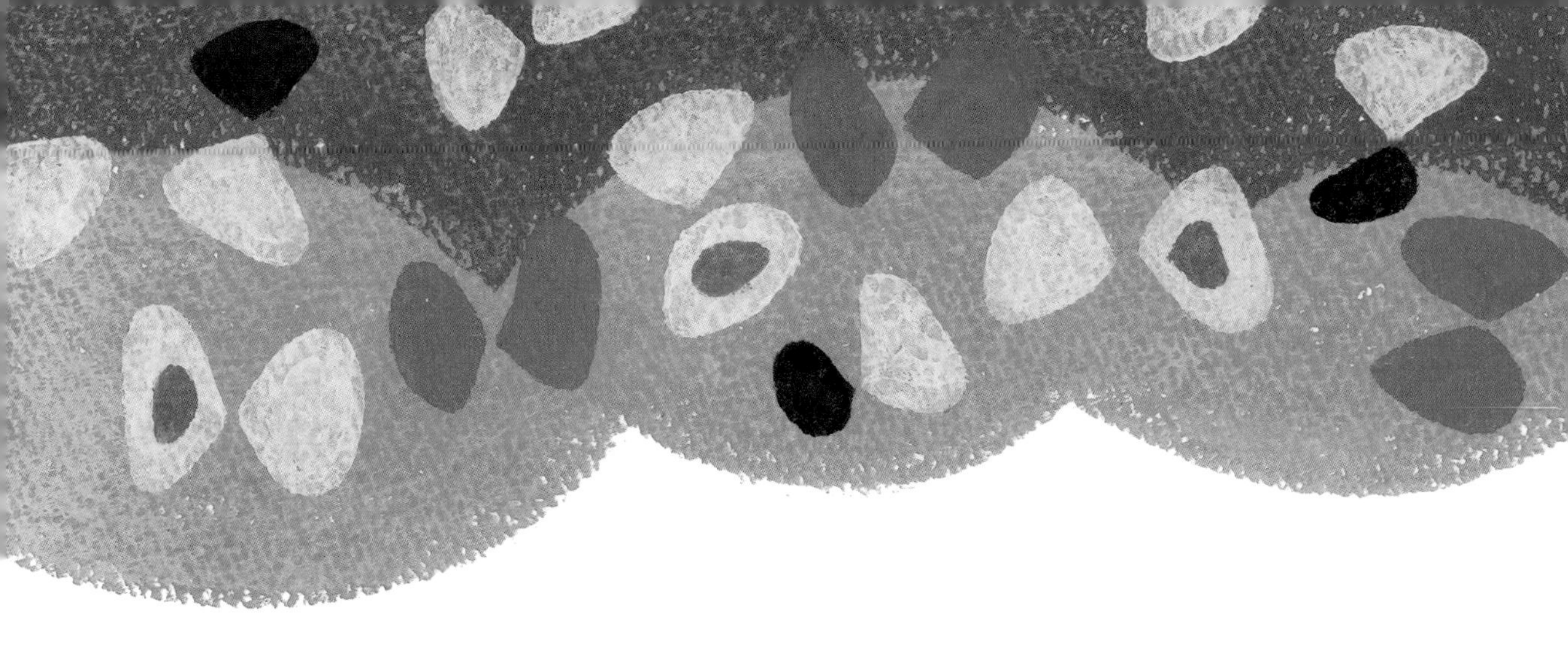

〈大豆と肉の汁〉

〈だんごの汁〉

イラスト／武藤良子（目次、p120、122）

凡 例

◎「著作委員」と「協力」について

「著作委員」はそのレシピの執筆者で、日本調理科学会に所属する研究者です。「協力」は著作委員がお話を聞いたり調理に協力いただいたりした方（代表の場合を含む）です。

◎ エピソードの時代設定について

とくに時代を明示せず「かつては」「昔は」などと表現している内容は、おもに昭和35～45年頃の暮らしを聞き書きしながらまとめたものです。

◎ レシピの編集方針について

各レシピは、現地でつくられてきた形を尊重して作成していますが、分量や調理法はできるだけ現代の家庭でつくりやすいものとし、味つけの濃さも現代から将来へ伝えたいものに調整していることがあります。

◎ 材料の分量について

・1カップは200mℓ、大さじ1は15mℓ、小さじ1は5mℓ。1合は180mℓ、1升は1800mℓ。

・塩は精製塩の使用を想定しての分量です。並塩・天然塩を使う場合は小さじ1=5g、大さじ1=15gなので、加減してください。

・塩「少々」は親指と人さし指でつまんだ量（小さじ1/8・約0.5g）、「ひとつまみ」は親指と人さし指、中指でつまんだ量（小さじ1/5～1/4・約1g）が目安です。

◎ 材料について

・油は、とくにことわりがなければ、菜種油、米油、サラダ油などの植物油です。

・濃口醤油は「醤油」、うす口醤油は「うす口醤油」と表記します。ただし、本書のレシピで使っているものには各地域で販売されている醤油もあり、原材料や味の違いがあります。

・「砂糖」はとくにことわりがなければ上白糖です。

・「豆腐」は木綿豆腐です。

・味噌は、とくにことわりがなければ米麹を使った米味噌です。それぞれの地域で販売されている味噌を使っています。

・単に「だし汁」とある場合は、だしの素材は好みのものでよいです。

◎うま味と旨みの表記について

本書では、5つの基本味のひとつ*である「うま味（Umami）」と、おいしさを表現する「旨み（deliciousness）：うまい味」を区別して表記しています。

*あとの4つは甘味、酸味、塩味、苦味。

◎一般的なだしのとり方

〈かつおだし〉 沸騰した湯にかつお節（できあがりの1%重量）を入れたら火を止める。かつお節が沈んだらこす。沸騰させ続けると、渋みや苦味が出て、香りも飛ぶ。

〈昆布だし〉 水に昆布（できあがりの2%重量）を30分ほどつけてから火にかける。沸騰直前に昆布をとり出す。沸騰させると、臭みやえぐみ、粘りが出る。

〈煮干しだし〉 水に煮干し（できあがりの2%重量）を5分以上つけてから火にかける。沸騰したらアクを除き、2～3分煮出してからこす。煮干しの頭、ワタをとり除くと雑味がないだしになる。

計量カップ・スプーンの調味料の重量（g）

	小さじ1（5mℓ）	大さじ1（15mℓ）	1カップ（200mℓ）
塩（精製塩）	6	18	240
砂糖（上白糖）	3	9	130
酢・酒	5	15	200
醤油・味噌	6	18	230
油	4	12	180

魚と海藻の汁

魚に貝、かになどのうま味を余さず食べられる汁はごちそうです。土地ごとにさまざまな旬の魚介で汁をつくってきました。内臓ごと豪快に煮こんだ汁、たたいてだんごにした汁、かつお節でつくる即席味噌汁や、磯の香りが満喫できる海藻の汁も紹介します。

〈北海道〉

すしにしんの三平汁

三平汁は塩漬けやぬか漬けの魚と野菜でつくる塩味の汁で、北海道の伝統的な魚の汁です。江戸後期に各地の民俗や歴史、地理などの記録を残した菅江真澄の日記『蝦夷喧辞辯』にサンペ汁が掲載されており、「北海道」の命名者とされる松浦武四郎の『再航蝦夷日誌』にも記述があります。

にしんを長期間ぬか漬けにすると、皮が骨にピタッとつくくらい身がしまるとともに旨みや酸味が出てきます。こうしてできたすしにしん（ぬかにしん）を季節の野菜と一緒に大鍋で煮ると、朝昼晩と食べてもあきないほどおいしかったといいます。にしん漁場で知られた日本海沿岸の厚田では現在もすしにしんを漬けこみ、夏にはささげの三平汁をつくります。暑いときの熱い三平汁はおいしく、塩分や水分の補給になるそうです。

昭和30年以前の小樽市内ではにしんを山積みにしたトラックが走り、路上にはたくさんのにしんが落ちていたそうです。汽車に積んで札幌方面に運ぶ当時の様子などを、地元の人は懐かしそうに話してくれました。

協力＝澤井泰子　著作委員＝土屋律子

現在、冷蔵・冷凍で流通しているすしにしんは塩分濃度が低めで、焼いて食べるのに向いている。昔ながらのすしにしんは、ぬかと塩を5：2の割合で混ぜた中に、頭、内臓をとり除いた生にしんを、腹にもぬかを入れ、重しをのせて漬けこむ。2％の塩水に一晩漬けてから本漬け（ぬかと塩は3：1）することもある

＜材料＞ 5人分

すしにしん…1尾
じゃがいも…中2個
にんじん…中1/3本
大根…5cm
ごぼう…1本
長ねぎ…1/3本
水…5カップ
昆布…5cm

＜つくり方＞

1 すしにしんは頭をとり除き、表面のぬかを洗い流し、2cm幅のぶつ切りにする。
2 じゃがいもは乱切り、にんじん、大根はいちょう切りか半月切り、ごぼうはささがきにする。
3 鍋に分量の水と昆布、2の野菜を入れ、火にかける。
4 野菜類がやわらかくなったら、1のすしにしんを加える。
5 煮ているとすしにしんの塩分が汁に出てくるので、ちょうどよい味になったら斜め薄切りにした長ねぎを入れて火を止める。

◎すしにしんの塩分が少ないときは汁の味をみて塩を加える。

すしにしんは焼いておかずにしたり、ぬた、お茶漬け、おにぎりの具、きゅうりの酢の物などにも利用する

身欠きにしんの料理

代表的なにしんの保存法が乾燥です。北海道の中央に位置する旭川市でも沿岸部の留萌から届いたにしんを箱で買い、素干しにして身欠きにしんをつくりました。やわらかい半生は焼いて熱いうちに醤油をかけて、よく乾燥したものはそのままむしって食べたり、にしん漬け、昆布巻き、煮物と一年中利用しました。

身欠きにしん（半生タイプ）の焼き物

身欠きにしんとふきの煮物

魚や野菜を汁とともに三平皿という深めの中皿に盛りつける。昔は食器（磁器）の多くは有田焼、九谷焼などが北前船で運ばれた。塩汁は色がないので底に模様が入った食器が好まれた

撮影／高木あつ子

〈北海道〉

かじかの味噌汁

かじかは別名「鍋こわし」、おいしくて鍋をつついて壊してしまうことから、こう呼ばれています。ややグロテスクな姿ですが、よいだしが出て魚の汁の中でも味がとくにおいしいです。新鮮なかじかが手に入るとまずつくるのが味噌汁で、残ったら塩でしめて三平汁にしました。北海道の最北に位置する稚内市は、宗谷海峡を挟んで東はオホーツク海、西は日本海に面する漁業の町です。漁師から新鮮な魚をもらうことも多く魚の汁は日常食でしたが、かじかの味噌汁はおいしいのでごちそうでした。

味噌汁は頭とアラも入れて大鍋にたくさんつくります。いちばんよい頭は通常、父親が食べました。三平皿やどんぶりによそい、大勢の家族で食べるつくりたての汁は、本当においしかったといいます。今は少人数で小さい鍋につくるせいか、昔のような味は出せないという人もいます。また、小さいときは好んで食べなかったが、40歳を過ぎた頃から食べたがるという話もよく聞かれることです。

協力＝山崎世千子、郡千佳子、寺澤則子
著作委員＝藤本真奈美、田中ゆかり

＜材料＞ 4〜6人分

カジカ…1尾
じゃがいも…2個
にんじん…1/2個
大根…1/5本
長ねぎ…1本
水…7カップ
昆布…20cm長さ1枚
味噌…60g

＜つくり方＞

1 カジカをさばく。魚を裏返し、エラブタから刃を入れて腹を裂く（写真①）。棘（とげ）があるので軍手をするとよい。
2 オレンジ色の肝と大きな胃袋（ちゅう）が出てくるので（写真②）、まず肝をはずす。胃袋は腸などと一緒にとり出す。
3 エラを除いて頭を落とし、ハラス（腹身）の部分を切り分ける（写真③）。胃袋は裂いて内容物をとり除く（写真④）。ここまでは流しで作業する。
4 胃袋をまな板の上にのせ、内側と外側を包丁でしごき、ぬめりを除く（写真⑤）。
5 身は骨ごとぶつ切りにし（写真⑥）、頭を2〜4つに割る（写真⑦）。
6 ひとにぎりの塩（分量外）をボウルに入れて塩水をつくり、肝、ハラス、胃袋、身、頭を血わたやぬめりをとりながら丁寧に洗う。最後に流水で洗う（写真⑧）。
7 鍋に水と昆布を入れ、だしをとる。
8 じゃがいもは乱切り、にんじんと大根はいちょう切りにする。
9 7のだし汁に8を入れ、野菜がやわらかくなるまで煮る。野菜が煮えたらカジカの身と頭を加え、アクをとりながら煮る。
10 カジカが煮えたら味噌を入れ、はす切り（斜め切り）にした長ねぎを入れて火を止める。

◎肝とハラス、胃袋はとも和えに使う。

かじかのとも和え。肝をゆでてすり鉢ですり、味噌、砂糖、酒で調味する。ゆがいて細く切った胃袋とハラスを和え、長ねぎを添える

北海道ではカジカは海のカジカのこと

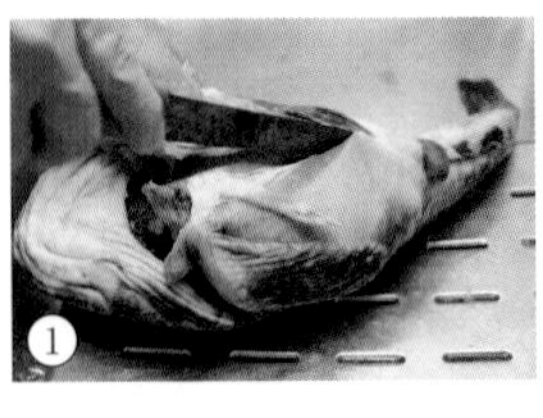

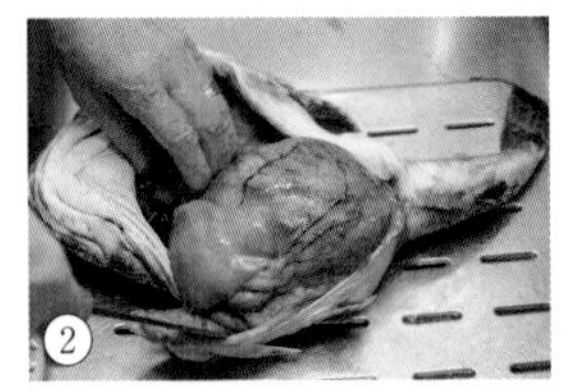

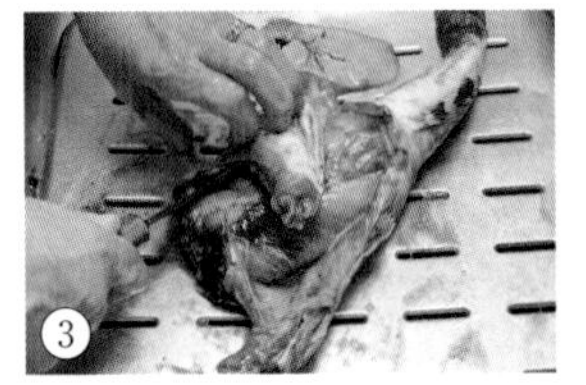

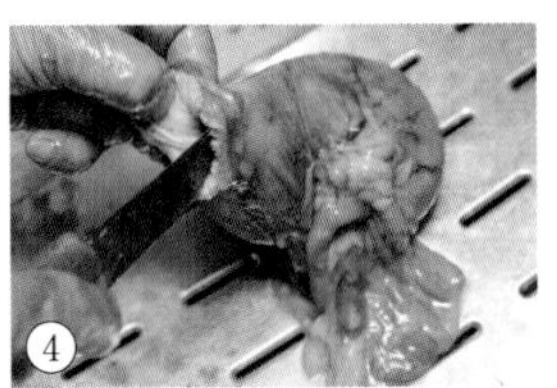

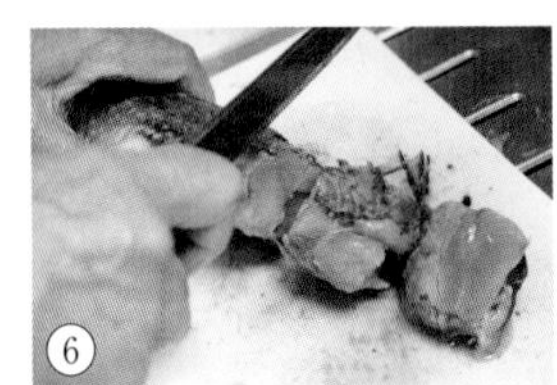

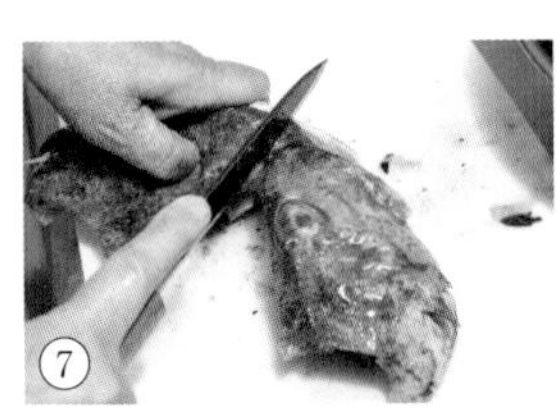

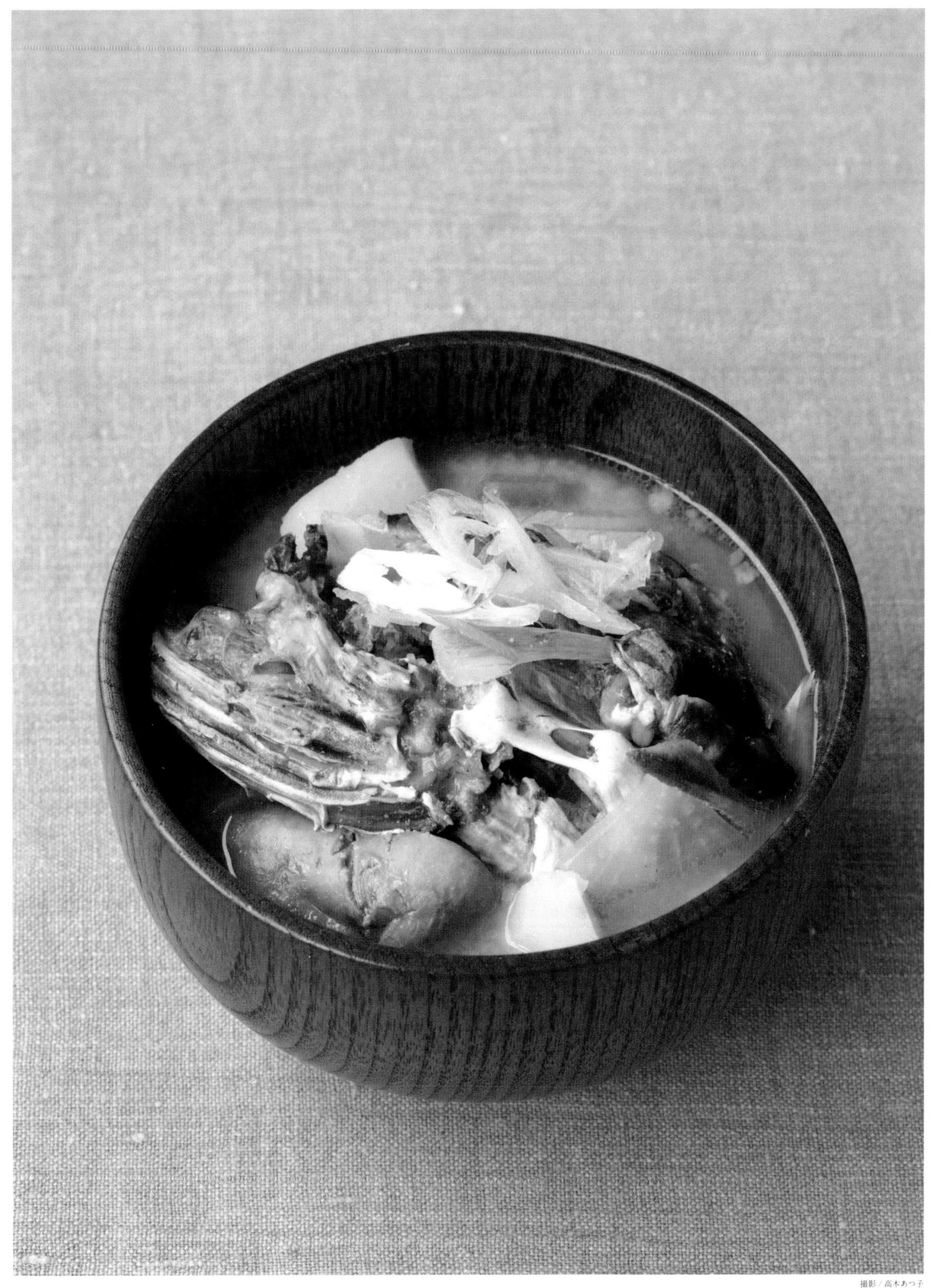

撮影／高木あつ子

〈北海道〉

鮭の粕汁

北海道では夕食に魚や野菜がたっぷりの汁ものをよく食べますが、寒さが厳しい冬にとくに喜ばれたのが、塩鮭でつくる粕汁です。鮭は多くとれる時期には安価になり、また漁師からもらうことも多かったので、一般家庭でも塩鮭にして保存し、粕汁や三平汁（p6）、いずしやはさみ漬け、昆布巻きなどをつくりました。

汁に使うのはアラの部分です。一般の家庭では塩鮭1本分のアラでつくりますが、漁師の網元の家ではお手伝いさんが多くいたので大鍋で大量につくり、2〜3本分を使うこともあったそうです。

アラと野菜で塩味の三平汁にすることもありますが、体を温め塩味をまろやかにする酒粕を加えて粕汁にすると体がほかほかになり、うま味や甘味も加わり寒い日にはとてもおいしかったそうです。粕汁にするのは北海道の厳しい冬を乗り越えるための知恵なのです。酒粕は、粕汁以外にも漬物に使ったり、塩鮭の切り身や筋子を漬けることもありました。

協力＝郡千佳子、山崎世千子
著作委員＝藤本真奈美、田中ゆかり

撮影／高木あつ子

<材料> 4人分

塩ザケ*…4〜6切れ（400〜600g）
大根…5cm（150g）
にんじん…1/3本（50g）
白菜…1枚（150g）
じゃがいも…1個（100g）
突きこんにゃく…80g
長ねぎ…1/2本（50g）
味噌…大さじ3
酒粕…20g
酒…大さじ3
水…6カップ
昆布…20cm長さ1枚

*塩ザケのアラを使うときは800g。

<つくり方>

1 サケは食べやすい大きさに切る。塩のきついものは塩出しする。
2 昆布でだしをとる。
3 大根、にんじんはいちょう切り、白菜、じゃがいもはひと口大に切る。突きこんにゃくは食べやすい長さに切る。
4 鍋に**2**のだし汁を入れ、煮立ったところに**1**のサケと**3**の野菜を入れる。
5 野菜がやわらかくなったら味噌、酒粕、酒を入れ味つけし、最後に長ねぎの斜め薄切りを入れる。

さんまのすり身汁〈岩手県〉

さんまの水揚げ量が本州一の大船渡市で塩焼きと並ぶ定番料理が、すり身汁です。おかわりをして一人2杯は食べ、家族が少なくても多めにこの分量でつくり、温め直しながら食べます。

そのつくり方には産地ならではの特徴が見られ、まずさばく際には頭をちぎるようにして同時に皮をはぎとり、それから三枚におろします。大量のさんまをさばくには、三枚におろしてから皮をむくよりも手早くできるのです。すり身は適度な弾力とふんわりとした食感に仕上げるために、一定量の塩（もしくは味噌などの調味料）を加え、濃いめの味つけにします。これを汁に入れてゆっくり火を通すと、事前にだしをとらなくても、すり身からでるうま味と塩味で、簡単で素朴な味わいに仕上がります。

豆腐の切り方にも特徴があります。行事食の吸いものには三角に切り、日常食として味噌汁やすまし汁に入れる場合には四角や短冊に切ります。県内ではこのように材料の切り方で行事食と日常食を区別する家庭が多く見られます。

協力=田中ハル子　著作委員=菅原悦子

<材料> 4人分

サンマ…4尾

A
- 味噌（赤系辛口）…50g
- 卵…1個
- 塩…小さじ1/2
- 醤油…大さじ1
- 酒…大さじ2

大根…1/4本（250g）
にんじん…1/3本（40g）
長ねぎ…1/3本（30g）
豆腐…1/2丁（200g）
水…1.8ℓ

<つくり方>

1. サンマは皮をむき三枚におろす。魚の頭を手前、腹を右に向けて置き、肛門からエラの手前まで内臓ごと腹全体を切り落とす。つぎに頭を上にしてサンマを持ち、頭を背側に折り、そのまま皮をむく。
2. 身を包丁でたたいてからすり鉢でする。よくすったらAを加え、よくなじむようにさらにすり混ぜる。
3. 大根は4cm、にんじんは3cmのささがき、ねぎは斜め切り、豆腐は四角形で厚めのひと口大に切る。
4. 分量の水を沸騰させた鍋に、すり身を大さじ大のだんごにして入れる。やわらかいので、木のしゃもじにすり身をのせて箸で落としたり、スプーンですくって入れる。
5. 15分ほど弱火で煮て、すり身に練りこんだ調味料やさんまのうま味が溶け出てきたら、大根とにんじんを入れる。野菜がやわらかくなったらねぎと豆腐を入れて、ひと煮立ちしたらできあがり。汁の味が薄かったら、味噌を醤油（いずれも分量外）で溶いて加える。

撮影／奥山淳志

◎麹なんばんを薬味にすると、辛みが加わり生臭みが消えておいしい。米麹1：醤油1：生の唐辛子1の割合で混ぜ3カ月以上ねかせる。

〈青森県〉

じゃっぱ汁

真だらの頭、エラ、中骨、内臓などの「じゃっぱ」を使い、味噌味や塩味でつくる青森県の冬の郷土料理です。じゃっぱとは津軽弁で「雑把」の意味。以前は各家庭で年取り魚の真だらを一本まるまる購入すると身と白子、たらこをおかずや酒の肴にし、残ったじゃっぱを汁にしていました。頭から尾っぽまで捨てることがない始末の料理です。身や白子を入れるとぜいたくなじゃっぱ汁になります。

真だらは寒くなるほどおいしくなる魚です。じゃっぱから出た旨みが「がっくら切り（なた切り）」にした大根にもしみて、食べると体が芯から温まるので、具だくさんにして大きい汁椀でたっぷり食べます。

今別や深浦など海の近くの地域では、お歳暮に5〜6kgもある立派な真だらが届くこともありました。最近では家でたらを一本さばくということはなくなりましたが、冬になるとじゃっぱ汁用にアラだけが売られており、身近な食材です。

協力＝阿部よしゑ、相内ヨシコ
著作委員＝今井美和子

＜材料＞ 20人分

真ダラ*…1本（5.6kg）
塩…20g
┌水…4ℓ
└昆布…50g
味噌…300g
大根…1本（1.4kg）
長ねぎ…2本（230g）
酒…1/2カップ

*今回は1本丸ごと真ダラをさばき、身以外のアラと内臓、白子を使った。じゃっぱ汁用に市販されているアラだけを使う場合は5人分で500〜600gを用意する。

＜つくり方＞

1 真ダラは三枚におろし、身と頭、中骨、内臓を分ける。おろすときはまずエラの下に包丁を入れ（写真①）、腹を割き（写真②）、内臓と白子をとり出す（写真③）。頭と中骨はぶつ切りにする（写真④）。頭と中骨、内臓は塩をふって10分ほどおき、身をしめ、さっと洗って水をきる。内臓はぶつ切りに、白子は4〜5cmほどの大きさに手でちぎる。

2 大根をがっくら切りにする（なた切りをする際、大根の厚みが2cmくらいになるように包丁の刃元を入れてから手前に倒すように「がっくら」と折る）。こうすることで大根によく味がしみる。ねぎは1cm厚さの斜め切りにする。

3 鍋に水と昆布を入れて火にかけ、沸騰直前に昆布を引き上げ、大根を加えて煮る。

4 大根がやわらかくなったら頭と中骨のぶつ切り、酒を加え、少し煮てあくを取る。火が通ったら内臓と白子を加える。味噌を溶き、ねぎを入れる。ねぎに火が通ったら火を止める。

◎身は別の料理に使う。

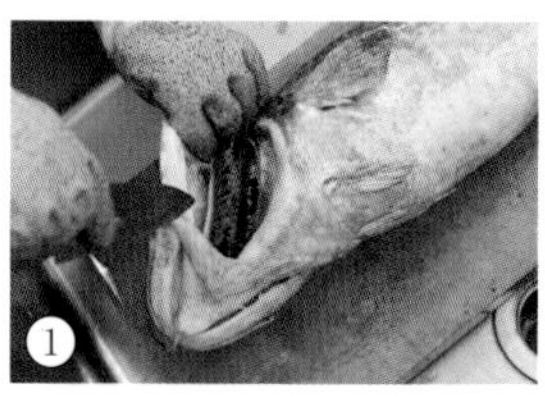

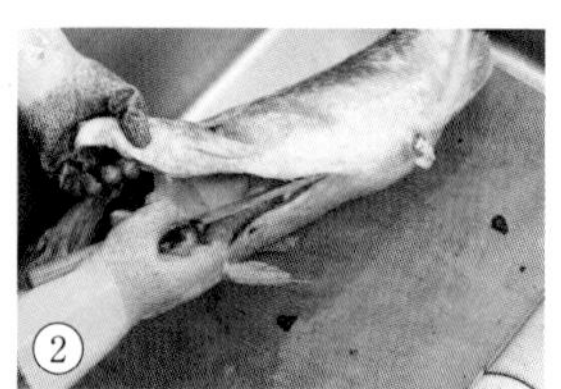

真ダラ。津軽海峡で水揚げされたもの

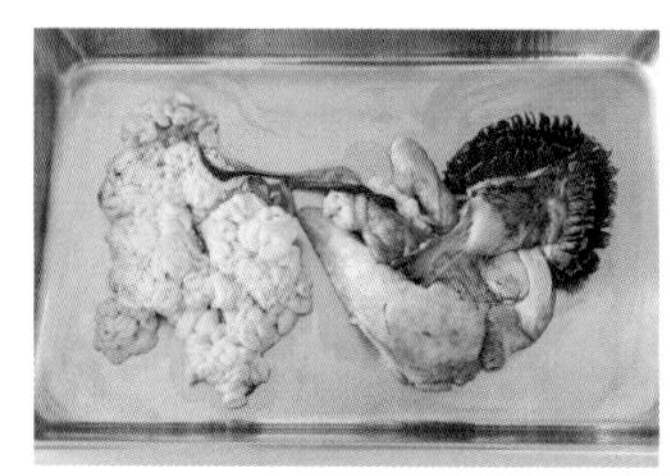

右のエラから、胃（チュウ）、腸、肝臓、白子（タヅ、キク）がひとつながりになっている

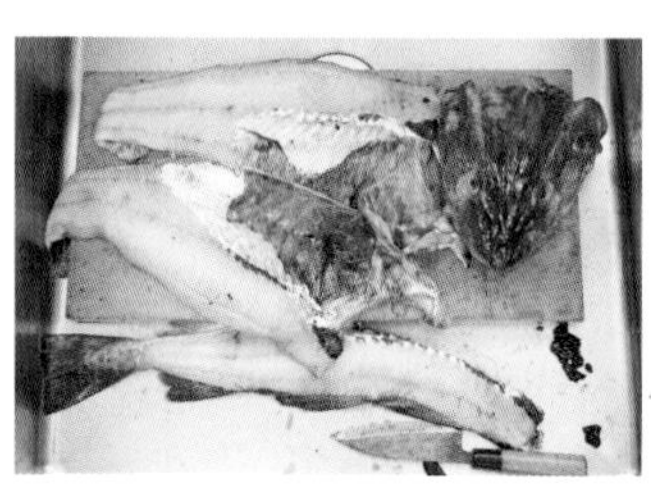

タラを三枚におろしたところ。まな板にのっている頭と手前の中骨を使う

撮影／五十嵐公

〈宮城県〉

どんこ汁

三陸沿岸で親しまれている冬の汁ものです。定置網で水揚げされたどんこは舌がふくらんで出ており、その見た目から「ベロ出しどんこ」と呼ばれます。

一般的に魚を汁に入れるときは刻んだ身やアラを使うことが多いですが、どんこは骨が細かく、身がやわらかく崩れやすいため、小さめのものは内臓をとったら丸ごと入れます。このとき、肝だけは捨てずに必ず使います。どんこの身はあっさりとした味ですが、冬の脂がのった肝を入れることで、旨みが増し、その味がしみた大根やにんじんもおいしくなるのです。どんこは火の通りが早く、煮すぎると身がぼろぼろになってしまうため、地元では煮えやすいことの例えとして「馬の鼻息でも火が通る」といわれます。

大きいどんこは比較的高価で市場に出荷されますが、小さいどんこは地元で安く出回り、どんこ汁や煮つけにしたり、一夜干しにしてから天ぷらや唐揚げにしたりと各家庭で調理されています。

協力＝三浦さき子、西城良子、菅原悦子
著作委員＝濟渡久美

撮影／高木あつ子

＜材料＞4人分

ドンコ…4尾（200g）
大根…4cm（100g）
にんじん…4cm
豆腐…1/2丁
長ねぎ…20cm（50g）
酒…大さじ2
仙台味噌（赤系辛口の米味噌）…大さじ3と1/2
水…1ℓ

三陸沿岸でとれたドンコ。タラの仲間で、正式名称はエゾイソアイナメ

＜つくり方＞

1 大根はいちょう切りにし、下ゆでする。にんじんはいちょう切り、長ねぎは斜め切りにする。
2 ドンコは尾からエラに向かって包丁を動かし、ウロコをとる（写真①）。腹に包丁を入れ、肝以外の内臓をとり除く。大きいドンコは2つに筒切りにする。
3 鍋に水、大根、にんじんを入れて加熱する。大根が煮えたら酒を入れ、沸騰したらドンコを入れる。
4 ドンコが煮えたら、玉じゃくしで豆腐をひと口大にすくいながら入れ、味噌と長ねぎを入れて火を止める。

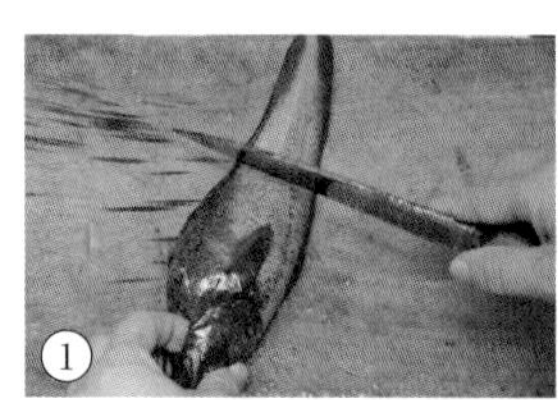

〈山形県〉寒だら汁

厳冬期の庄内地方における自慢の一品が、寒だらの味噌仕立ての汁ものです。日本海に面する庄内地方は大寒の時期になると地吹雪（じふぶき）（地上に降り積もった雪が、強い風に吹き上げられ乱れ飛ぶこと）が激しく、道の先も見えなくなることがしばしばです。

この時期に産卵のために庄内浜に回遊してくる真だらが寒だらです。産卵前の寒だらは脂肪が多く最もおいしくなります。「寒だらを食べると風邪をひかない」ともいわれ、食べものが少ない時期の貴重なたんぱく質源として長い間珍重されてきた、この地方のごっつぉお（ごちそう）です。

胴とガラをすべて使うことから「どんがら汁」とも呼ばれ、身は三枚おろしか骨つきで切り、頭や内臓もすべてぶつ切りにします。濃厚な味わいのアブラワタ（肝臓）やクリーミーな白子など、ひとつのお椀の中にさまざまな食感と味が盛りこまれ、最後に飾る焼き岩のりがさわやかな磯の香りで、寒だら汁の旨みを一段と引き立てます。

協力＝佐藤英俊、佐藤由紀子、佐藤めぐみ
著作委員＝平尾和子

撮影／長野陽一

＜材料＞4〜5人分

真ダラ(白子・内臓を含む)…1〜2kg
　(大きさにもよるが約1/2尾分)
長ねぎ…1本
豆腐…1丁
味噌 (淡色系中辛口のこし)
　…大さじ5〜6
酒…60〜80mℓ
水…1.2ℓ
岩のり…適量
◎酒粕を加える家庭もある。

＜つくり方＞

1 真ダラはえらと内臓と白子をとり除いて洗い、三枚におろす。身は食べやすい大きさに切り、肝臓などの内臓はすべてひと口大に切る。白子はさっと湯通しして冷水にとる。残った頭と中骨も洗ってぶつ切りにする。
2 長ねぎは斜め切りし、豆腐は食べやすい大きさに切る。
3 大きめの鍋に分量の水を入れて沸かし、酒を入れる。内臓と、頭、中骨などのアラを入れ、再沸騰させてアクをとる。
4 真ダラの身を入れ、火が通ったら味噌で味つけをする。
5 豆腐と長ねぎを加えてひと煮立ちさせ、白子を入れる。
6 器に盛り、焼いた岩のりをのせる。

◎真ダラは中骨をはずさず、骨つきでぶつ切りにしてもよい。
◎タラは捨てるところがない。内臓もエラもすべて食べられる。

〈茨城県〉

あんこうのどぶ汁

茨城県の代表的な料理ですが、もとは漁師の船上料理です。船では水が貴重だったため、底曳き網漁で揚がった売り物にならないあんこうと冬野菜の水分のみを使い、味噌で味つけした鍋料理がどぶ汁の起源といわれています。北茨城市の平潟地区で食べてきたもので、昭和40年代頃から温泉・鉱泉が湧き、民宿、旅館が並ぶ観光地となったことで有名になりました。30年ほど前は浜にたくさんのあんこうが並び、小さなものは捨てられていたぐらいですが、年々水揚げは減っています。

あんこうはコラーゲンが多くプリプリとした食感で、肝の脂と味噌が溶け合った濃厚な味わいの、体の温まる冬の一品です。ただ、肝と味噌だけで調味すると慣れない人にはクセが強すぎるので、水やだし汁を加えることが多くなっています。今はあんこうが高級魚になったため、肝をたっぷり使うどぶ汁は来客時にしかつくらなくなり、あっさりして食べやすいあんこう鍋が普及しています。

協力＝北茨城市食生活改善推進員協議会、魚の宿まるみつ　著作委員＝渡辺敦子

＜材料＞ 4人分

アンコウ…400g（下ごしらえしたもの）
大根…1/2本
にんじん…1本
長ねぎ…1本
水…600mℓ
味噌…大さじ3と1/2

＜つくり方＞

1 土鍋でアンコウの生の肝を十分に炒りつける（写真①）。
2 脂が出てきたら（写真②）、いちょう切りにした大根、にんじんを入れ、食べやすい大きさに切ったアンコウの各部分を入れて（写真③、④）炒る。野菜とあんこうを交互に何回かに分けて入れてもよい。
3 焦げないように水を加え（写真⑤）、味噌で調味したら、斜め切りしたねぎを散らす（写真⑥）。

①

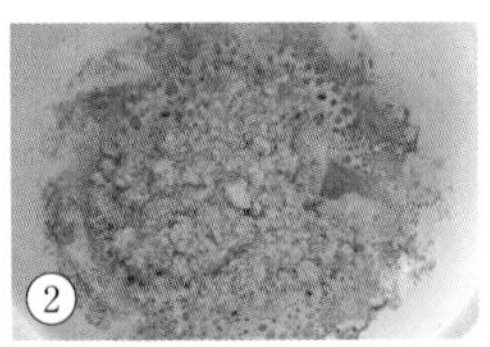
②

③

④

⑤

⑥

アンコウの下ごしらえ

アンコウは、塩水でよく洗い、大きな木に下唇をつり下げ、口から大量の水を注ぎ、安定させてからおろす（つるし切り）。あとはアンコウの七つ道具と呼ばれる各部分（皮・肉・卵巣・胃袋・エラ・ヒレ・肝）にさばく。小さなアンコウを家庭でさばく場合は、新聞紙の上で行なう。

アンコウはつるしながらおろす

皮をはぐ

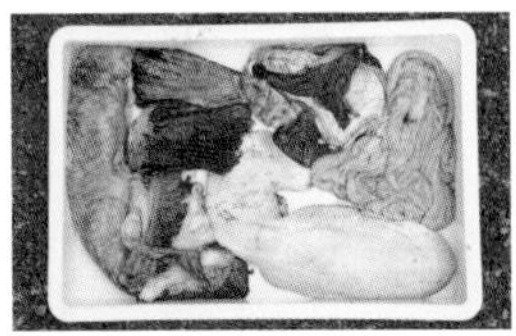
左端は肉、尾ビレ、ヒレ、エラ、皮、肝、右端は卵巣

撮影／五十嵐公

〈千葉県〉

いわしのだんご汁

九十九里町はいわしの町。町全体がいわし漁とともに栄えてきた歴史があります。これは九十九里沖で水揚げされたいわしを使った家庭料理の一つです。いわしのつみれにねぎを添え、なるべく余計なものは加えません。うす口醤油を使うので、薄味に見えますが、やさしい味の中にしっかりとうま味とコクがあります。しょうがが入るので魚の臭みもなく、子どもから高齢者まで食べやすいことから、今もつくられ続けています。

いわしは中羽(ちゅうば)いわしも、背黒いわし(かたくちいわし)も使います。小さい背黒いわしの場合は、皮も骨もそのままたたくので、黒っぽいつみれになりますが、味は濃くカルシウムも豊富になります。

港が整備されていなかった昭和40年頃までは、砂浜にバンギという木型でできたレールを敷き、その上で船を滑らせ沖に押し出しました。船を押すのは「おっぺし」と呼ばれる女たちで、漁に出る男だけでなく、女たちもいわし漁を支えたのです。

協力＝中村典子
著作委員＝中路和子

撮影／高木あつ子

<材料> 4人分

イワシ…中羽イワシ８本または背黒イワシ1kg（正味約400g）
しょうが…1/2かけ
味噌…大さじ1
長ねぎ…1/2本
卵…小1個
塩…少々
うす口醤油…小さじ1
酒…小さじ1
水…3カップ
白髪ねぎ…適量

<つくり方>

1 イワシは手開きして頭、腹ワタ、骨、皮、尾をとり、ひと口大に切る。背黒イワシは皮・骨つきでよい。
2 包丁でたたき、すり鉢でする。
3 ボウルに2のすり身を入れ、おろしたしょうが、味噌、みじん切りしたねぎ、卵、塩を入れ、粘りけが出てくるまでしっかり混ぜる。
4 鍋に水を入れて火にかけ、煮立ったところに3のすり身をスプーンで楕円形にまとめながら落とし入れる。
5 4のつみれが浮き上がってきて火が通ったら、醤油と酒を入れ、味を調える。
6 最後に白髪ねぎを加える。

◎フードプロセッサーを使う場合は、1と3の材料を合わせてかけてつみれ生地にする。

撮影／長野陽一

<材料> 4人分

たたき（すり身）…100g
だし汁（かつお節）…3カップ
味噌…35〜45g
明日葉…適量

◎たたき(400g)のつくり方：アオムロ2尾(正味300g)を三枚におろし皮と骨をとり除く。包丁でたたいてからすり鉢でなめらかになるまですり、しょうがのすりおろし1かけ分、溶き卵と小麦粉各20g、重曹小さじ1、酒1/4カップを加えて、さらにする。生地の状態を見ながら水1/2カップ弱を加え、すり身状になったら味噌40g、砂糖30gを加える。重曹を入れると生地がなめらかにつやよく仕上がる。

◎醤油味にする場合の調味料は、酒小さじ2、塩小さじ1/2、醤油小さじ1。

<つくり方>

1 たたきはボウルに入れて、空気を入れるようにかき混ぜておく。
2 鍋にだし汁を沸騰させ、味噌を溶かす。1のたたきをしゃもじにのせ、菜箸の腹で適当な大きさにして落とし入れ、浮き上がるのを待つ。
3 仕上げに、軽く下ゆでした明日葉を入れる。青じそ、ねぎ、みょうが、しょうがでもよい。

新島名物の干物、くさやもアオムロでつくる。魚を開き、塩入りの発酵液につけてから干す

たたき汁

〈東京都〉

たたき汁は魚のだんご汁のことで、伊豆諸島の新島（にいじま）や式根島の郷土料理です。たたきの原料は地元でムロと呼ぶムロアジの一種のアオムロ（クサヤモロ）で、新島名物のくさやの原料になる魚です。水分が多く鮮度が落ちるのが早いムロは、島ではくさやに加工します。その日のうちに処理しなければならないので、夜の7時半頃に漁船が戻ってくると、くさやをつくる家では夜中まで作業をしたそうです。

そんな中で楽しみだったのが、たたき（すり身）料理でした。新鮮なムロをたたいてすり身にして、汁やたたき揚げにします。くさやは干物なので保存できますが、たたき料理は魚がとれる秋だけのもので、重曹を入れたたたきは熱いときはふんわり、冷めてからはしこしこでおいしかったといいます。現在は冷凍たたきが市販されているので一年中つくることができ、小学生がキャンプでつくったり、島の行事やイベントの際にふるまわれたりして、島を訪れる人たちにも親しまれています。

協力＝梅田喜久江、植松育、藤井美絵
著作委員＝色川木綿子、加藤和子

〈富山県〉
たら汁

すけとうだらがメインの汁もので、ごぼうやねぎは脇役、風味のために少量入れるだけです。新鮮なたらをぶつ切りにし、身やアラ、頭、肝、白子や卵巣まで余すところなく煮こむのでしっかりとだしが出ています。麹の米粒が残る越中味噌（淡色系辛口）との相性もよく、「たらの三杯汁」という言葉があるほど、何杯も食べてしまいます。

もとは漁に出た男たちを温かく迎えようと、女房たちが大鍋に海水とたらを入れて煮たのが始まりといわれています。白子や卵巣が成長する冬に旨みが増しますが、富山ではたらは通年食べられるので、夏の海水浴で冷えた体を温めるたら汁も風物詩になっています。たら1尾を丸ごと浜で焼いて食べることもあります。

県東部で新潟県と接する朝日町では、学校給食でたら汁が出されます。当初は、魚の骨が心配という学校側の声もあったそうですが、子どもたちはきれいに骨を除いて食べ、おかわりもよくする人気メニューになっているそうです。

協力＝竹谷てる子
著作委員＝稗苗智恵子、中根一恵、深井康子

撮影／長野陽一

<材料> 4人分

タラ（スケトウダラ）…2尾（約1.5kg）
ごぼう…50g
長ねぎ…1/2本（約50g）
味噌…大さじ3
水…4カップ

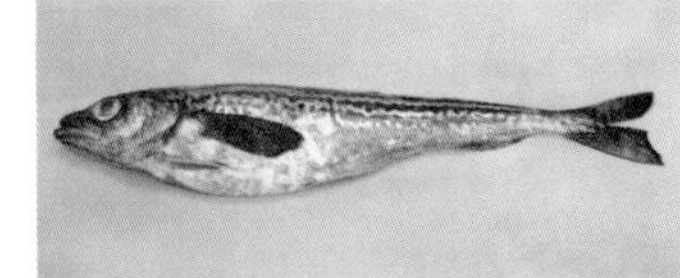

スケトウダラ

<つくり方>

1. タラの腹ワタをとり出し、皮の一部をつなげたままぶつ切りにする（写真①）。こぎも（肝臓）や白子、卵巣は別にとっておく。
2. ごぼうはささがきにし、水に入れてアクを抜く。
3. 鍋に水を入れて火にかける。
4. 沸騰したら、味噌を分量の2/3入れ、1の身と内臓を入れる。
5. 煮立ったら、アクをとり除きながら煮る。
6. タラの身が白くなり、つなげていた皮が切れたら残りの味噌とごぼうを入れて蓋をし、さっと煮て火を止め、刻んだねぎを散らす。

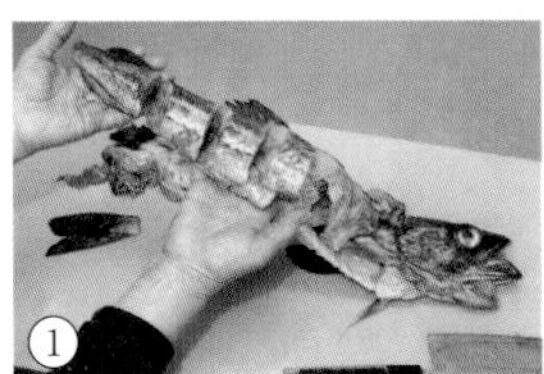

撮影／長野陽一

めぎすのだんご汁
〈石川県〉

<材料> 4人分

- メギス…300g（正味150g）
- 卵白…1個分（約30g）
- 味噌…小さじ2
- かたくり粉…小さじ2
- だし汁（昆布）…大さじ2

長ねぎ…1/4本（40g）
だし汁（昆布）…750mℓ*
塩…3.75g（だし汁の0.5%）
うす口醤油…小さじ1

*水4.5カップと昆布5cm角2枚(5g)でだしをとる。

<つくり方>

1. メギスは頭と内臓をとり、三枚におろして包丁でたたいてからすり鉢でする。塊がなくなったら卵白と味噌、かたくり粉とだし汁を加えてさらにする。全体になめらかに仕上げる。
2. だし汁を沸騰させる。1をスプーンですくってひと口大のだんご12個にして汁に入れる。浮いたアクをとる。
3. だんごが浮いてきたら塩と醤油で調味し、小口切りのねぎを入れさっと煮て火を止める。

めぎすは和名をにぎすといい、きすに似た上品な白身の魚です。きすとは別種の魚ですが、目が大きいきすのようなので「めぎす」と呼ばれたり、きすに似ているので「にぎす」と呼ばれるようです。漁獲量は石川県が第1位で、もう30年以上全国の3割近くを占めています。7〜8月の底曳（び）き網の休漁期を除き、年間を通して水揚げがあり、比較的安価な大衆魚です。

くせがなくあっさりした白身魚ですが、脂はのっています。塩ゆでやフライにして食べたりもしますが、だんご汁にすることが多く、金沢を中心に、県内ではいわしのだんご汁と同様に親しまれています。かたくり粉と卵でふんわりと仕上げただんごは味噌で味つけしてあり、昆布だしのすまし汁がよく合います。日本料理の吸いもののようですが、日常のおつゆとしてよくつくられ、味噌汁にすることもあります。また田の神を祭る奥能登の「あえのこと」でも登場し、最近は学校給食にもとり入れられているようです。

著作委員＝中村喜代美、新澤祥恵、川村昭子

粕汁〈大阪府〉

寒さが厳しくなる季節に、体を芯から温めてくれる冬の定番料理です。具だくさんで、汁ものでもあり、野菜料理でもあるといえます。今も日常的につくられていますが、ごちそう感もあり、寒い日は粕汁があると「阿呆の三杯汁」といわれるのを承知でおかわりをしてしまいます。夕食にたっぷりつくり、次の日の朝食で食べるのも楽しみでした。

粕汁はかやくご飯との組み合わせが親しまれています。どちらもにんじん、こんにゃく、ちくわ、薄揚げなど身近な食材で簡単につくれるため、冬になり酒粕が出回るようになると主菜がなくても十分なこの献立が自然に思い浮かぶのだそうです。外食でも粕汁とかやくご飯で有名な老舗があります。

昭和30年代には、正月用の新巻鮭のアラを塩抜きして入れました。味噌を入れず酒粕と鮭の塩分だけでつくることもありました。ぶりのアラや豚肉やころ（くじらの皮下脂肪層を加熱し脂肪分をとり、乾燥したもの）でもつくりました。

協力＝狩野敦、休斉敏彦・美和子
著作委員＝八木千鶴

撮影／高木あつ子

＜材料＞ 4人分

塩ザケ…120g（1〜2切れ）
大根…50g
にんじん…25g
こんにゃく…50g
薄揚げ（油揚げ）…1/2枚（10g）
ちくわ…1/2本（20g）
青ねぎ…1本
水（またはだし汁（昆布））…4カップ
酒粕…100g
白味噌…20g

＜つくり方＞

1 塩ザケはさっと熱湯をかけ、ひと口大に切る。
2 大根、にんじんは4cm長さの短冊に切る。
3 こんにゃくは4cm長さの短冊に切り、ゆでる。
4 薄揚げは油抜きして、5mm幅のせん切りにする。
5 ちくわは3mm幅の半月切りにする。
6 ねぎは小口切りにする。
7 水で大根、にんじんを煮る。沸騰したら塩鮭を入れ、煮汁の一部をとり酒粕をふやかす。大根、にんじんがやわらかくなれば、こんにゃく、薄揚げ、ちくわを入れ中火にし、やわらかくなった酒粕を玉じゃくしでよくつぶして加える。白味噌で味を調える。
8 椀に盛り、ねぎを散らす。好みで七味唐辛子を少々ふってもよい。

◎白味噌は塩分やコクの調整用なので味をみて加減する。酒粕の白さを生かすために、ここでは白味噌を用いている。

◎なめらかにしたい場合は、酒粕をすり鉢に入れてよくするとよい。

撮影／高木あつ子

<材料> 4人分

ドギ（ゲンゲ）…4〜6尾（約300g、正味約200g）
だし汁…3カップ
塩…小さじ1/2
うす口醤油…小さじ1
酒…小さじ2
三つ葉…1本
しょうが…1/2かけ（10g）

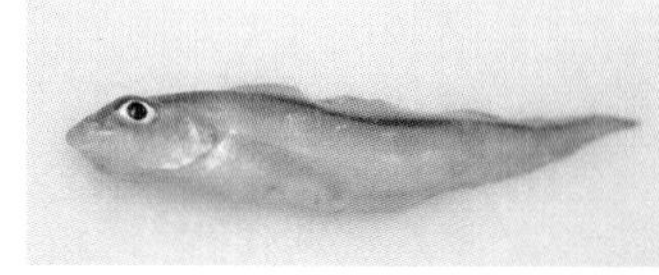

ドギ（ゲンゲ）

<つくり方>

1 ドギは頭をとり、内臓を引っぱり出して身を洗う（うろこはない）。尾の先を切りとり、2つか3つにぶつ切りする（骨はやわらかい）。
2 三つ葉は3cm長さに切り、しょうがは針しょうがにする。
3 だし汁に塩、醤油、酒を加えて煮る。
4 沸騰直前にドギを入れ、中火で煮る。煮過ぎずに、沸騰してドギが透明から真っ白に変わればよい。
5 椀に盛って、吸い口に三つ葉と針しょうがを添える。

全身を覆うゼラチン質が口当たりのよいとろみになる

〈兵庫県〉

どぎ汁

日本海に面した香住（かすみ）地方で、どぎと呼ばれるのはゲンゲ科の魚（多くはノロゲンゲ）で、底引き網でかにやかれいなどに混ざって水揚げされる深海魚です。昔は商品価値のない雑魚なので「下（げ）の下（げ）」がゲンゲになったともされていますが、昨今では「幻魚」の字を当てています。全身がゼラチン質の粘液で覆われて白くぬるぬるした外見はちょっと気持ち悪い感じですが、加熱すると、とろっとした感触になり適度な脂もあって何ともいえない上品なおいしさとなります。

水分が多く劣化しやすい魚なので、ほとんどが地元の家庭料理に消費されてきました。すまし汁のほか天ぷら、煮物などにしてもよく、ぬるぬるの部分が塩分を持っているので、干すだけで白身のやさしい味がおいしい干物になります。それが最近では船内での処理方法や流通技術の革新などにより、都市の店頭にも並ぶようになりました。皮にはコラーゲンも豊富で、健康や美容によいと人気が出ています。

協力＝小柴勝昭、秋山芳子
著作委員＝片寄眞木子、本多佐知子、原知子

〈山口県〉

めいぼの味噌汁

山口県ではかわはぎやうまづらはぎのことを「めいぼ」「めんぼ」「めぼう」「はげ」などと呼び、味噌汁や煮つけや鍋物で食べます。身の骨離れがよく、子どもも食べやすい魚です。秋から冬にかけて、めいぼは肝がおいしくなります。肝入りの味噌汁は、子どものときは生臭いと思っていたが、大人になると肝をそのままあるいは汁に溶かしながら食べるこくのあるおいしさが最高と思うようになったという人もいます。

魚屋やスーパーでは皮をはいだ状態のめいぼも安価に売られています。皮つきでも、皮は簡単にはぐことができます。

「めいぼ」という呼び名の由来は、文献をひもとくと、潤んだような目が目疣（めいぼ）（ものもらい）に見えるから、という説があります。また、釣り人のあいだでは、めいぼは口が小さくかたいので針にかかりにくく、エサだけをとってすぐ逃げてしまう「エサ泥棒」なので、目の疣（邪魔なもの）と呼ぶのだともいわれます。

協力＝藤野幸子
著作委員＝森永八江

撮影／高木あつ子

<材料>4人分

メイボ（カワハギまたはウマヅラハギ）…2尾（300g）
豆腐…1/3丁（100g）
長ねぎ…1/3本（50g）
┌水…3と1/2カップ
└昆布…7〜8㎝角1枚（7g）
麦味噌…大さじ3と1/2

<つくり方>

1 水に昆布を浸し30分ほどおき、弱火でだしをとる。沸騰する直前で昆布をとり出す。
2 メイボはヒレとくちばしを落とし皮をはぐ。肝と白子・卵以外の内臓をとり除き、水洗いし、ぶつ切りにする。
3 メイボとさいの目に切った豆腐と斜め切りにしたねぎを入れ、中火で煮る。
4 沸騰したら火を止め、味噌を溶き、再び火にかけ沸騰させないように温める。

撮影／高木あつ子

〈山口県〉

えそのだんご汁

えそのミンチ（すり身）のだんごが入ったかわいい吸いものです。白いだんごと野菜の緑色との対比もきれいです。骨がなく子どもでも食べやすく、魚のだし汁のおいしさを伝えるのにぴったりの一品です。

えそは白身でおいしい魚ですが、長い小骨が多いので家庭でえそを料理すると、小骨をいちいちとり出しながら食べることになります。それよりも魚屋の店頭にえそのミンチがあると、買って帰ってだんご汁にします。だんごづくりは子どもに手伝ってもらいました。

えそのミンチはそぼろのようにしてすしに入れることもあります。ミンチのだんごをのりで巻いて揚げれば弁当のおかずに重宝します。正月の伊達巻にも使うなど、親しまれている食材です。

地元でとれる新鮮なえそやぐちでつくるかまぼこも有名です。山口県の白いかまぼこは弾力のある「足」の強いもので、板の下から熱をかける昔ながらの「焼き抜き」かまぼこが主流です。

協力＝藤野幸子
著作委員＝五島淑子、櫻井菜穂子

＜材料＞4人分

- エソのミンチ（すり身）…80g
- 塩…少々
- 酒…小さじ1
- 卵白…1/2個分

- 水…3と3/4カップ
- 昆布…10cm角1枚

塩…小さじ1
醤油…少々
青ねぎ（または三つ葉、春菊*など）…適量

*できれば「ろーま」と呼ばれる大葉春菊。

＜つくり方＞

1 鍋に水と昆布を入れ、火にかける。沸騰直前に昆布をとり出す。
2 エソのすり身に塩、酒、卵白を加えて、よく混ぜ合わせる。1人2個ずつになるように、丸める。
3 1のだし汁を沸騰させて、丸めただんごを入れる。
4 塩と醤油で味を調える。
5 刻んだねぎ、三つ葉、春菊などを入れる。

〈愛媛県〉

おつい

「おつい（おつう）」は汁もののことで、東予の瀬戸内沿岸部では新鮮な小ぶりの白身魚を水だけで煮立てた潮汁をそう呼んでいました。瀬戸内海沿岸は、高縄半島を境に、東は島しょ部と浅い砂泥域の燧灘、西はおだやかな伊予灘、その間に深く潮流の速い来島海峡と、海域によって魚の種類や味も異なる多様性があります。今治市や四国中央市などの漁港では、小ぶりの魚も多く水揚げされます。

今は小ぶりの魚は敬遠されがちですが、簡単においしいだしがとれ、身も淡白で上品なうま味があります。刺身をとった鯛のアラなどでもつくります。魚の違いで季節が感じられ、それぞれの魚の繊細な味を十分に生かした料理です。魚を盛りつけたあとのうま味のある残りの汁で、大根やたけのこ、里芋を炊くこともあったそうです。

味つけは醤油が多いですが、味噌を使うこともあり、おこぜなどは麦味噌が合います。おこぜの味噌汁は母乳の出がよくなるといわれ、産後に食べるようにすすめられていました。

協力＝八木頼子　著作委員＝武田珠美

撮影／五十嵐公

<材料> 4人分

ホゴ（カサゴ）、ハギ、オコゼ、メバル、アブラメ、キス、コチなど新鮮な小ぶりの白身魚…4尾
水…5カップ*
酒…大さじ1と1/3
塩…小さじ2/3（4g）
うす口醤油…小さじ2
菜の花**…1茎（20g）

*昆布だしを使うこともある。
**青ねぎや春菊なども使う。

<つくり方>

1 魚のウロコ、内臓、エラを除く。
2 水から魚を入れて中火で加熱する。沸騰したら沸騰が継続する程度の弱火にして、アクをとる。
3 火が通ったら酒と塩を入れ、その後10分ほど、浮いてくるアクを丁寧にとりながら加熱する。醤油で味を調えたら、椀に盛り、青み（ゆでて切った菜の花）を添える。

撮影／長野陽一

<材料>4人分

ワラスボ…4〜5尾（250g。正味160g）
じゃがいも…中1個（80g）
だし汁（いりこ）…3カップ
麦味噌（甘口）…60g
小ねぎ…2〜3本（15g）

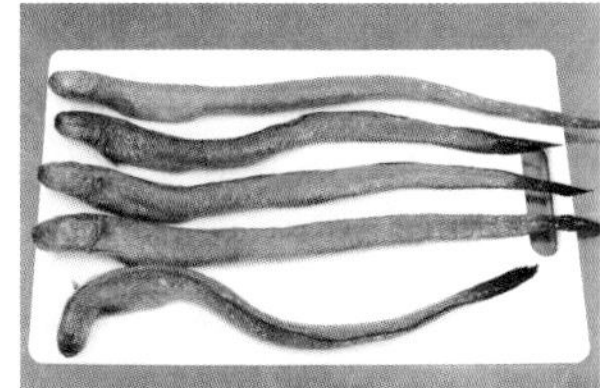

ワラスボはその容貌から「有明海のエイリアン」と呼ばれる

<つくり方>

1 ワラスボは頭と尾を切り落とし、内臓をとり除いて4cm程度のぶつ切りにする。
2 塩（分量外）でもみ、ぬめりを水洗いし、水けをとる。
3 じゃがいもは長さ4cm厚さ1cmの拍子木に切り、水にさらす。
4 だし汁にじゃがいもを入れ、5分ほど煮て火が通ったら、ワラスボを加える。
5 ワラスボに火が通ったら、味噌を溶き入れる。
6 お椀につぎ、小口切りしたねぎを散らす。

◎切ったワラスボの塩もみをしないで、あえてぬるぬるとした感触を残す家庭もある。肝を捨てずに加えるとさらにおいしく仕上がる。6月上旬の卵をはらんだワラスボは一層美味。

〈福岡県〉

わらすぼの味噌汁

わらすぼは、日本ではおもに有明海に生息するハゼ科の魚です。紫色のぬるぬるとしたうなぎのような体と、鋭い歯がむき出しになった特徴のある顔の魚ですが、味噌汁にすると大変おいしい食材です。近年漁獲量が減り高級食材になりましたが、昔は日常的に食べられていました。

味噌汁は、身はほくほくした食感の淡白な白身で、うま味の濃いだしが出ます。同じ時季に出回る新じゃがや新玉ねぎを加えると、わらすぼのだしに野菜の甘味とコクが加わり、味噌汁のボリューム感も増し、食べた後の満足感が大きいものです。

有明海に面する柳川市は江戸時代から続く干拓で、堤防に囲まれた農地がうろこ状に広がる半農半漁の地域です。かつてわらすぼは、暑さに向かう時季に本業の漁業と田植えなどの農繁期を乗り切るための貴重なたんぱく質源で、簡単につくれる味噌汁が好んで食べられました。当時は田畑の畦道（あぜみち）に自生する田ぜりを刻んで加えました。

協力＝古賀千浪
著作委員＝猪田和代、吉岡慶子

茶節（ちゃぶし）〈鹿児島県〉

かつお節と味噌を湯のみやお椀に入れ、お茶やお湯で溶かすだけです。いわばインスタント味噌汁で極めてシンプルですが、削りたてのかつお節は香りが立ち、濃いうま味が口の中に広がります。

薩摩半島の南に位置する枕崎は遠洋漁業の拠点港で、かつお節生産量は日本一です。港町の朝は早く、慌ただしく茶節をかきこみ仕事に出かけました。女性はかつお節を抱えて熊本まで行商に出かけ、食事の際には子どもがかつお節を削るなどかつお節の香りと味とともに暮らしてきました。

茶節は気根（きこん）の薬（元気の源）といわれ、鹿児島県で育った人ならたいてい食べた経験があるものです。風邪気味のときは寝る前に熱い茶節を、フウフウと息を吹きかけながらすすります。すると体が温まり疲れた心と体が癒され、翌日には元気になるのです。二日酔いの朝は体にしみ入るおいしさです。しょうがや小ねぎを入れておかずの一品にしたり、元気をつけたいときは卵を落として飲むこともあります。

協力＝立石愛子　著作委員＝山下三香子

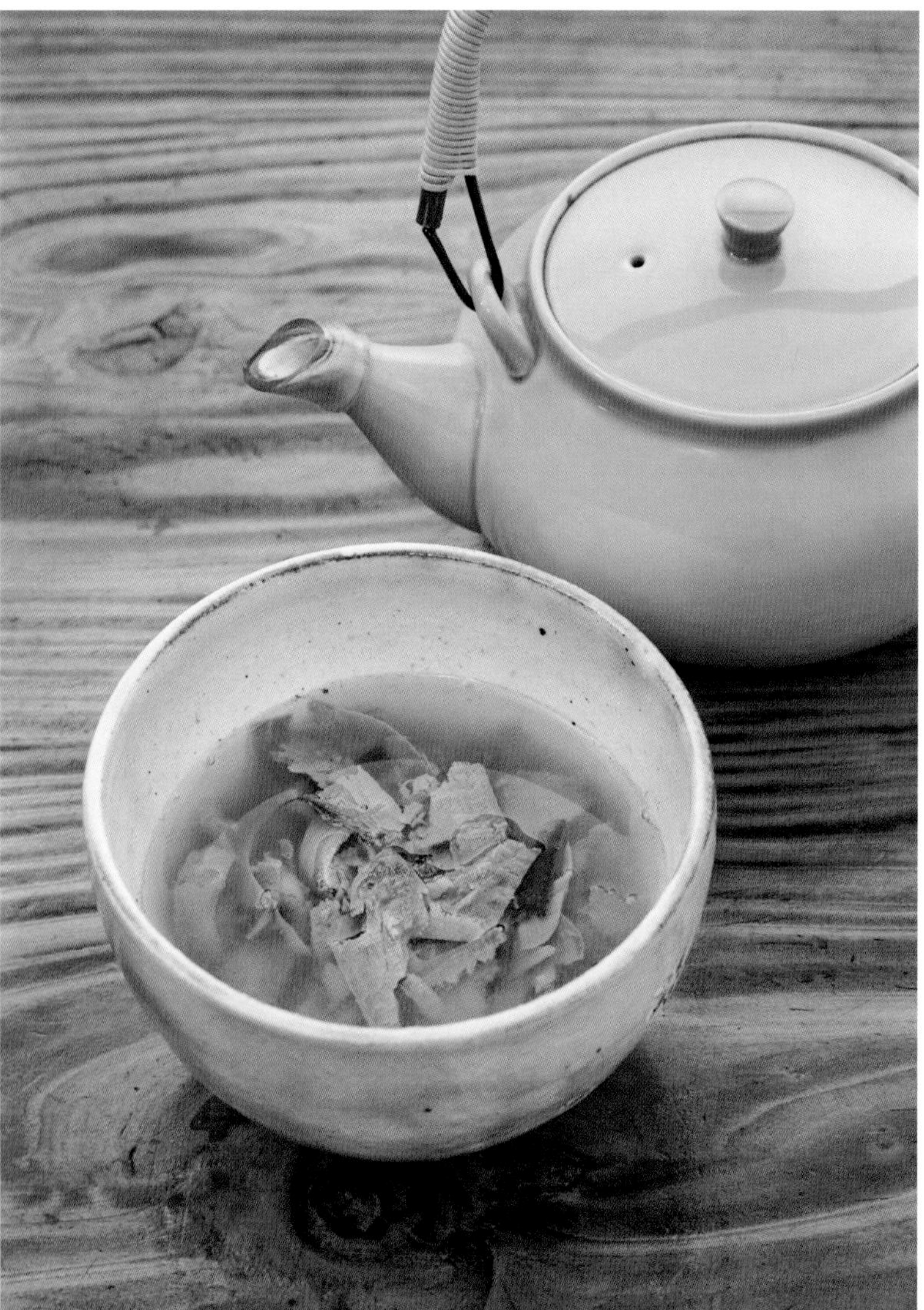

撮影／長野陽一

＜材料＞1人分

削りたてのかつお節…湯のみや汁椀に7〜8分目
麦味噌…大さじ1/2（10g）
緑茶またはお湯…100〜150mℓ
◎好みでおろししょうが、青ねぎの小口切り、卵を入れてもよい。

＜つくり方＞

1 かつお節と麦味噌を湯のみやお椀に入れる。しょうがや青ねぎ、卵を入れるときはここで加える。
2 緑茶かお湯を注ぎ、しっかり溶かす。

かつお節は削りたてを使うのがおいしさの秘訣。やわらかくて削りやすい荒節を使う

撮影／長野陽一

<材料> 1人分*

削り節…5〜8g
味噌…大さじ1弱（15g）
熱湯…1カップ
*分量は好みでよい。

<つくり方>

1 器に削り節を入れて、味噌を入れる。
2 熱湯を注ぐ。よくかき混ぜていただく。

〈沖縄県〉

カチューユー

沖縄の方言でカチューは「かつお（かつお節）」、ユーは「湯」を意味しています。地域によっては、ヤカンから湯を注ぐことからヤカン汁とも呼ばれています。削り節と味噌、お湯があれば手軽にできる即席の味噌汁で、時間のない朝などにとても便利な一品です。削り節のうま味と味噌がよく合います。

食欲のないとき、二日酔いのときでも飲みやすく、うま味と塩分が体にしみこんで元気になるそうです。また、疲れているときや体調の悪いときは、にんにくを入れて食べるとよいそうです。卵を入れてたっぷりのお湯で少し蒸らして半熟状にして食べたり、味噌は使わずに醤油や塩で味をつけたりと家庭によってもさまざまです。

沖縄では、厚削りのかつお削り節が料理によく使われています。高級な本枯れ節ではなく、安価で手に入る削り節をたっぷり使うことが特徴です。那覇市はかつお節・削り節の年間支出金額・購入数量ともに全国1位となっています（2018年：家計調査）。

協力＝大嶺育子
著作委員＝田原美和、森山克子、大城まみ

〈茨城県〉

よどのすまし汁

よどというのはクルメサヨリのことで、汽水湖や河川河口域で生息している、サヨリの幼魚に似た魚です。茨城県では霞ケ浦の南東岸永山から牛堀の湖岸付近の、利根川に流れこむ河口近くの地域でとれます。よどのすましは、行方（なめがた）市を中心としたその霞ケ浦湖岸の地域の料理です。日本で2番目に大きい湖の霞ケ浦と北浦に囲まれており、湖岸は低地ですが、山あいの地域では山菜やきのこも多くとれ、農業もさかんでした。昔から野と山、水の幸が豊かな地域です。

よどの漁は9～10月中旬と限られており、すまし汁はその時期だけしか食べられません。1年のうち、ひと月だけの味を地域の人は大切にしています。新鮮なよどの頭と尾を除いたものを丁寧に、太い骨も細かく砕いてすべてだんごにして煮ることでよどのだしを汁に移します。だしをとらず、材料のうま味でおいしくする、合理的な料理です。このレシピではにらを使いましたが、薄切りの大根を入れることも多いようです。

協力＝海老澤武美、海老澤恵子、真家栄子
著作委員＝荒田玲子

＜材料＞4人分

ヨド（クルメサヨリ）
…15～20尾（400g）
卵…1個
味噌…30g
水…2.5カップ
醤油…大さじ1と2/3
にら…1/3束（30g）

＜つくり方＞

1 ヨドの頭と尾を落とす。一緒に腹ワタもとれる（写真①）。
2 包丁で丁寧に骨ごとたたき、すり鉢ですり身にする（写真②）。
3 卵と味噌を入れてよくこねる。
4 水を火にかけて沸騰したら、**3**をひと口大のだんごにして落として煮る。
5 だんごが浮いてきたら、にらと醤油を加えさっと煮る（写真③）。

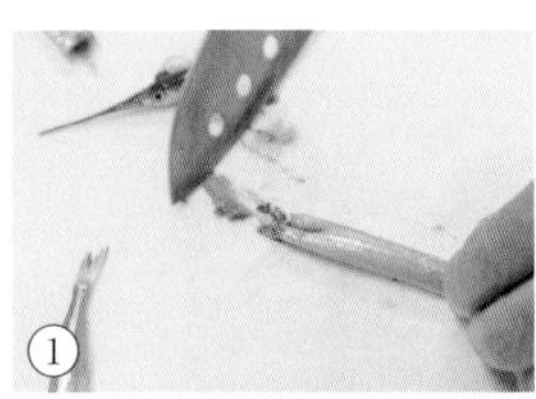
①

②

③

撮影／五十嵐公

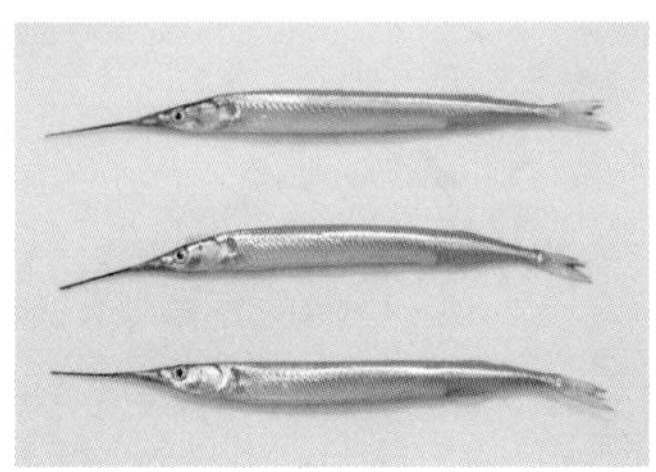

ヨド。写真は体長15cm程度。クルメサヨリは環境省レッドリストの準絶滅危惧（NT）に分類されている

撮影／長野陽一

<材料> 4人分

コイ*…600g（約150g×4切れ）
大根…80g
ごぼう…1本
長ねぎ…1本
しょうが…10g
水…4カップ
酒…1/2カップ
赤味噌（豆味噌）…50g

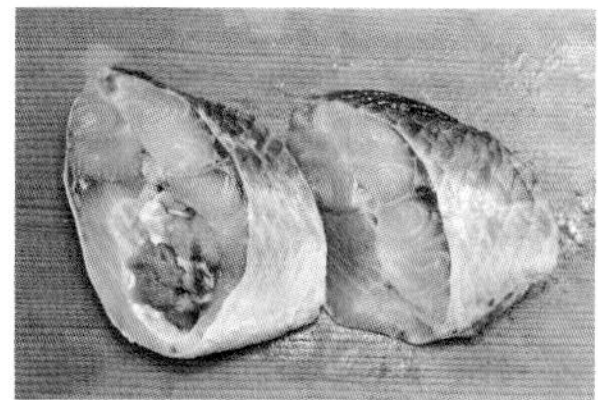

*筒切りにしたコイ。苦玉（胆のう）以外は内臓も一緒に食べる。市販の切り身を使ってもよい。

<つくり方>

1 コイを流水で洗いながらウロコなどをとり、苦玉を除き筒切りにする。
2 大根は半月切り、ごぼうは大きめのささがき、ねぎの白い部分はぶつ切りに、緑の部分は小口切りにする。しょうがは薄切りにする。
3 鍋に水、酒、しょうが、大根、ごぼう、ねぎの白い部分を入れ、煮立ったらコイを入れる。
4 コイの表面の色が変わったら味噌を入れて中火で15〜20分アクをとりながら煮る。コイや野菜が煮えればできあがり。
5 仕上げに小口切りのねぎを散らす。

◎コイの頭を入れるとだしがよく出る。

〈岐阜県〉

鯉こく

中津川市は、東濃圏域にあり木曽川が東西に貫流する中山間地域です。海の魚の入手が難しかったので、鯉は重要なたんぱく質源であり、客のもてなしや滋養強壮に食べられてきました。

鯉こくは、苦玉（胆のう）以外は内臓ごと筒切りにした鯉を地域の特産の赤味噌（豆味噌）で煮こんだ汁ものです。ごぼうなどの風味づけの野菜と赤味噌の香りで魚臭さは感じません。とくに出産後には、母親の体力を回復し母乳の出をよくするとつくられたそうです。病気のときに、父親が池の鯉をさばいて鯉こくをつくってくれたのが思い出だという人もいます。鯉は小骨が多く、しかも先端が三つ又になって、のどにひっかかるとなかなかとれないので注意しないといけないことも、大人から子ども、その子へと受け継がれてきました。

家々では、山の水を引いてきて生活用水にしました。台所の排水が鯉を飼う池に流れるようにしてあり、ご飯粒や食べ残しが鯉のエサとなったそうです。

協力＝勝股恵子、伊藤ふさ、奥田広江
著作委員＝長野宏子

〈香川県〉

どじょう汁

酒で酔わせたどじょうが骨までやわらかい、トロミのある味噌仕立ての汁です。農家は土用になると稲の根張りをよくするため、水田の水を干し上げます。このとき、用水路も干し上げてどじょうをとりました。そのどじょうとうどん、自家製の野菜をたっぷり使った夏バテ予防のスタミナ料理として、農家の多い地域に伝わっています。

女性が具を準備する間に、男性がうどんを打ちます。昔は、直接汁に煮こむので塩が少なめのうどんでしたが、今はゆでうどんか生うどんをゆでて使います。田植えや稲刈りを近所で助け合う風習があった頃は、大鍋でつくりました。稲作の重労働の合間に食べるどじょう汁が、地域の絆を強めてきました。農家が減った近年では、こうした風習は少なくなりましたが、秋祭りの開始日や、また暑気払いとしても年に1回は共同でつくる地域が今もあります。現在は、用水路がコンクリート護岸になったりと環境の変化などから、どじょうはほとんどが養殖です。

協力＝讃岐国分寺史跡まつり実行委員会
著作委員＝川染節江、渡辺ひろ美、村川みなみ

＜材料＞5人分

- ドジョウ…250g
- 塩…小さじ1/2
- 酒…3/4カップ

ゆでうどん…5玉
大根…475g（1/2本）
豆腐…175g（1/2丁）
里芋…310g（約6個）
にんじん…200g（中1本）
ごぼう…135g（1/2本）
油揚げ…135g（1と1/2枚）
長ねぎ…125g（1本）
だし汁（2.5ℓ分）

- 水…3ℓ
- 煮干し（1.5%）…45g

白味噌…130g
合わせ味噌…95g
塩…小さじ1/2
おろししょうが…15g（1かけ分）

◎つけあわせのこんにゃくのきんぴらのつくり方…こんにゃく180g（1/2枚）は横に3等分し、アク抜きをする。隠し包丁を両面に入れて、縦に4等分し、長い辺を3mm厚さに切る。フライパンにサラダ油(4g)を熱し、こんにゃくを炒りつける。十分に水分が飛んだらごま油小さじ1を入れて炒め、火を止めて醤油小さじ2とだし汁小さじ1と山椒適量をふりからめる。

＜つくり方＞

1 水に煮干しをつけ、煮出してだし汁をつくる。
2 大根とにんじんは4cm長さ、幅1〜1.2cm、厚さ3mmに切る。
3 里芋は皮をむいてひと口大に切り、ポリ袋に入れて塩もみして洗い、ぬめりをとる。
4 油揚げは油抜きし、4cm長さ1cm幅に切る。
5 豆腐は半分の厚さにし、横に3等分1.5cm幅に切る。
6 ごぼうは大きめのささがきにして軽くゆがく。
7 長ねぎは4cm長さの斜め切りにする。
8 だし汁に塩と大根を入れて火にかけ、軽く火が通ったらにんじん、油揚げ、里芋を順に入れる。
9 里芋がやわらかくなったら、豆腐を入れ、だしでのばした味噌をそれぞれ半分ずつ入れる。
10 ドジョウは何度か水を替えて砂抜きをし、ボウルにセットしたザルに入れ、塩と酒をかけて（写真①）酔わせる。飛び出ることがあるので、蓋で押さえて軽くふる。
11 ドジョウがおとなしくなったら、流水でよく洗う（写真②）。煮くずれないようにザルごと鍋に入れて煮て（写真③）、アクをとり、9の残りの味噌を入れて味を調える。
12 ドジョウに火が通ったら、ザルを除き、ごぼうとゆでうどんを入れる。
13 最後に長ねぎを入れて、火が通れば器に盛る。好みで薬味としておろししょうがをのせる。

◎酒を出す場合にはつけ合わせにこんにゃくのきんぴらを添えるとよい。

①

②

③

右はつけ合わせのこんにゃくのきんぴら

撮影／高木あつ子

〈大分県〉

どじょう汁

県北部に位置する宇佐市院内町は海から離れた山間地で、海産物は容易に入手できるものではありませんでした。ここでは河川や田んぼに生息しているどじょうが貴重なたんぱく質源で、どじょう汁は大変なごちそうでした。夏場は田んぼを干すために水を抜く際、泥の中から出るどじょうがとれたので、どじょう汁をつくり、精をつけて暑さを乗り切っていました。

とってきたどじょうは水を入れたバケツに一晩おき、泥を吐かせます。生きたまま油をひいた鍋に入れて加熱し、動かなくなったら水と具の野菜を加えて煮ます。あらかじめどじょうに酒をふりかけて酔わせてから加熱する方法もあります。どじょうというと泥臭いイメージがありますが、泥を吐かせて生きたまま調理するため、においは全く気になりません。食べると骨までやわらかく、汁は味噌と魚の旨みでこっくりと濃厚な味わいです。近年では天然のどじょうが少なくなったため、養殖どじょうを使うようになりました。

協力＝中山ミヤ子、末松恵美、岩野總子
著作委員＝西澤千恵子

撮影／戸倉江里

＜材料＞ 5人分

生きた小さめのドジョウ（泥を吐かせたもの）…30〜40匹（300g）
大根…1/2本（500g）
ごぼう…1本（200g）
里芋…5個（250g）
小ねぎ…少々
味噌…80g
水…5カップ
油…適量

＜つくり方＞

1 鍋に油をひいて火にかけ、温まってきたらドジョウを入れる（写真①）。好みでドジョウをお玉で砕いてもよい。
2 水と細切りした大根、ささがきしてさっとゆでたごぼう、半月切りにした里芋を加えて煮る。
3 大根とごぼう、里芋がやわらかくなったら、味噌を溶き入れて火を止める。
4 椀に盛り、小口切りにした小ねぎを散らす。

宇佐市院内町では魚屋で養殖ドジョウが手に入る

撮影／高木あつ子

<材料> 4人分

アサリ（殻つきで砂抜きしたもの）…400g
味噌（信州味噌など）…大さじ3
長ねぎ…1/3本
水…4カップ

<つくり方>

1 砂抜きしたアサリの表面をこすり洗いして水けをきる。
2 ねぎは薄い小口切りにする。
3 鍋に水とアサリを入れて中火にかける。
4 煮立ったらアクをとり、アサリの口が開くまで弱火にかける。
5 味噌を溶きのばしながら加え、ねぎを加える。
6 煮立つ直前に火を止め、器に注ぐ。

◎昆布だしでつくってもおいしい。

〈千葉県〉 あさりの味噌汁

県の北西部で東京湾の最奥部になる市川市の行徳周辺は、海が豊かであさりやはまぐりがたくさんとれた地域でした。道路脇には各家庭で食べた貝殻の道ができるほど、貝をたくさん食べていました。酒蒸しや佃煮、かき揚げなどにしますが、汁ものではあさりは味噌汁、はまぐりはすまし汁で食べることが多かったそうです。

あさりの味噌汁は今でもよく食卓に上ります。あさりは身もしっかり食べたいので、お椀いっぱいによそいます。レシピでは1人分100gとしましたが、おいしくてついおかわりしてしまいます。

かつてのあさりやはまぐりの漁は、手づくりの大きなタライ型の手漕ぎ舟を使いました。網ですくって舟の中に揚げますが、山盛りとれたそうです。石がにも手漕ぎ舟でとりました。今は残念ながら石がにはとれませんが、塩ゆでで食べるとおいしかったといいます。子どもたちは橋の下で群れて泳いでいるうなぎやはぜの稚魚をバケツですくってとったそうです。

協力＝田島美知子、熱田恵子
著作委員＝梶谷節子、渡邊智子

〈茨城県〉
しじみ汁

県の中央部、大洗町、水戸市、茨城町にまたがる涸沼は、満潮時には那珂川を通じて下流から海水が遡上し、淡水と混じり合う汽水湖で、2015年にはラムサール条約*に登録されています。しじみが特産で、ヤマトシジミの河川・湖沼別漁獲量は全国第3位(2018年)と、しじみ汁は昔から地域住民に親しまれています。

ヤマトシジミは汽水域でなければ産卵やふ化ができません。全国的にみても一部の汽水湖や河川の河口部など限られた場所でしか生息できず、微妙な自然バランスの上に生態系が成り立っています。そこで地元の漁協では、持続可能な漁業のために、漁獲量上限を定めたり、12ミリ以下の稚貝がすくえないようなしじみ籠を用いたりしています。そのため、涸沼のしじみは大粒です。だしも濃く出るので、しじみ汁もシンプルに塩のみで味をつけることが多く、味噌を入れるときは塩を半量にして、薄い味噌汁仕立てにして食べます。

*ラムサール条約…特に水鳥の生息地として国際的に重要な湿地に関する条約。

協力＝長洲秀吉　著作委員＝石島恵美子

撮影／五十嵐公

<材料> 4人分

水…4カップ
シジミ…500g
塩…小さじ1

<つくり方>

1 シジミは、つかるくらいのひと肌のぬるま湯に1時間くらいつけて、砂抜きをする。
2 シジミの殻のぬめりを水でよく洗い流す。
3 鍋にシジミと分量の水を入れ、沸騰させる。
4 汁が濁ってきたら、塩を入れて味を調える。
5 4を椀に盛る。好みで薄切りのねぎなどを入れる。

涸沼でとれたヤマトシジミ

涸沼は、ヒヌマイトトンボやスズカモ、オオワシなどの希少生物が生息し、人々の暮らしと自然との共生ができていることから、ラムサール条約の登録地となった

汁の素材になる 河川や田んぼの生き物

日本では昔から身近な川や湖、田んぼや池で
魚や貝をとり、調理して食べてきました。
汁ものは、その独特のうま味を煮出して味わいます。
本書に登場する、淡水・汽水域の生き物の一部を
紹介します。

ドジョウ

体長10～15cm

泥にもぐる習性がある。平野部の水路や川、溝の浅い泥底にいるが、代かきで水田に水が入る4月頃になると、遡って水田に上がり、産卵する。

→p32香川県のどじょう汁、p34大分県のどじょう汁

シジミ

殻長3cm前後

一般にシジミといえば、汽水域にいるヤマトシジミ。水田の水路やため池などの淡水域には、マシジミがいたが激減している。琵琶湖には固有種のセタシジミがいる（写真はセタシジミ）。

島根県東部地域のしじみ汁。宍道湖や神西湖でとれるヤマトシジミを味噌汁やすましにする

滋賀県八幡市のしじみ汁。琵琶湖固有種のセタシジミを使う。味つけは米味噌。粉山椒を添えてもよい

三重県桑名市のしじみの味噌汁。伊勢湾に注ぐ木曽三川の河口でとれるヤマトシジミ、赤だし味噌を使う

モクズガニ

甲羅幅5cm前後

川ガニの中では大型。親は河川、湖沼で暮らし、秋から冬に産卵のために海に下る。汽水域で繁殖し、小ガニは夏には川を上る。はさみに「藻」のような毛が生えているのが名前の由来。

→p42高知県のつがに汁、p44鹿児島県の山太郎がにの味噌汁

大分県のガン汁。カニをすりつぶし、こしたエキスを加熱すると黄色い塊になる。高菜を加え、醤油で味をつける

コイ

体長30～60cm

河川、湖沼などの淡水域が中心だが、汽水域にも生息する。産卵期は5月下旬から初夏。雑食性で成長が早い。環境適応性も広く飼育も容易なので、昔から各地で養殖されてきた。

→p31岐阜県の鯉こく

新潟県の鯉こく。現在、錦鯉産地となっている小千谷周辺で、昔から収穫祝いや産後の滋養食としてつくってきた。コツは丁寧な血抜き

撮影　長野陽一（シジミ、三重県・滋賀県のしじみ汁）、高木あつ子（島根県のしじみ汁、新潟県の鯉こく）、戸倉江里（大分県のガン汁）、滋賀県立琵琶湖博物館（コイ）、ⓒmaruk/amanaimages（モクズガニ）、編集部（ドジョウ）
協力　小島朝子（滋賀県）、宮本美保子（島根県）、駒井洽子（新潟県）、岩野總子（大分県）　著作委員　萩原範子（三重県）、山岡ひとみ（滋賀県）、石田千津恵（島根県）、山口智子（新潟県）、西澤千惠子（大分県）
参考文献　『地域食材大百科　魚介類・海藻』（農文協）

撮影／高木あつ子

＜材料＞ 4人分

ニイナ…12〜20個（1人3〜5個）
水…3カップ
酒…大さじ1と1/2
うす口醤油…大さじ2と2/3

ニイナは現在、漁獲量が少なく貴重な食材になっている

＜つくり方＞

1 貝をボウルに入れ、水を入れてこすり合わせる。2〜3回水を替えて洗うが、洗いすぎて藻がとれると磯の香りが少なくなる。
2 貝と分量の水を鍋に入れて火にかける。
3 沸騰したら、酒と醤油を加えて味を調える。

貝殻を時計回りに回すと腹ワタまでとり出せる

〈島根県〉

にいなのすまし汁

クボガイやオオコシダカガンガラなどの小さな巻貝は、隠岐（おき）地域では「にいな」、東部地域では「にな」と呼ばれています。身は小さいですが、ほどよい塩けと磯の香りや貝の旨みを豊富に含んでおり、さざえにも負けないおいしさです。日本海に浮かぶ隠岐の島の周囲は貝の生育に最適な環境で、さざえやあわび、ひおうぎ貝などだけではなく、にいなや、かめの手など身近な岩場などでとれる貝や甲殻類も、吸いものや煮つけなどにして昔から親しんできました。

現在はとれる量が少なく貴重になりましたが、昔は「貝とりに行く！」といって子どもたちが泳ぎのついでに採取するものでした。岸に近い岩場のものは砂を噛んでいることが多いので、潜ってとってきたそうです。身はまち針などで刺し、貝殻を時計回りに回しながらとり出します。初めての人は途中で切れたりしますが、長年食べてきた地元の人は腹ワタまで上手にとり出して食べます。

協力＝宮本美保子、松田照美、野津保恵、林信子　著作委員＝藤江未沙、石田千津恵

〈島根県〉のっぺ汁

根菜をたっぷり入れたのっぺ汁はのっぺい汁とも呼ばれ、冬になると各地で食べられます。県東部ではとくに赤貝を加えたものが親しまれ、貝と野菜の濃厚な旨みが溶け出た汁は絶品です。島根で赤貝と呼ばれているのはサルボウガイ。すしネタや刺身にするアカガイより小型の貝で、冬の訪れとともに食卓に並びます。身が赤いので、赤貝ご飯や、酒と醤油、砂糖で殻ごと煮る煮つけは食卓を華やかにしました。

かつては島根県と鳥取県にまたがる汽水湖の中海(なかうみ)をおもな漁場として水揚げされていましたが、干拓事業や汚水により水質環境が変化し、赤貝は一時絶滅寸前にまで追いこまれました。その後、県と地元の漁協が養殖に取り組み、徐々に漁獲量が増えてきています。地元の赤貝がまた食べられるぐらいに復活したことは地元住民にとって待望の知らせであり、旬の時期には漁場近くの道の駅を中心として、赤貝目当ての買い物客も多くなっています。

協力＝宮本美保子、高麗優子、石飛なす子
著作委員＝藤江未沙、石田千津恵

撮影／高木あつ子

<材料> 4人分

- 赤貝 (殻つき)…250g
- 水…2.5カップ
- 醤油…小さじ2
- 酒…大さじ1

里芋…3個 (120g)
大根…4cm (160g)
にんじん…1/3本 (60g)
ごぼう…1/3本 (60g)
こんにゃく…1/2枚
干し椎茸…3枚
だし汁 (昆布・かつお節)…1.5カップ
貝のゆで汁…2カップ
椎茸の戻し汁…1/2カップ
うす口醤油…大さじ1
塩…小さじ1/4 (1.5g)
かたくり粉、水…各大さじ1.5
青ねぎ…適量

<つくり方>

1 赤貝はきれいに洗って鍋に入れ、水を加えて煮立ててアクをすくう。貝の口が1/3程度開いたところでザルにあげ (写真①)、冷めたら殻から身をとり出し、醤油と酒でサッと煮て煮汁に浸しておく。貝のゆで汁はとっておく。

2 里芋は皮をむき1cm厚さの半月切り、大根とにんじんはいちょう切りにする。ごぼうは斜め切りにして水にさらす。

3 こんにゃくは水からゆでてひと口大に手でちぎる。干し椎茸を水で戻し、せん切りにする。

4 鍋にだし汁、貝のゆで汁 (上澄み)、椎茸の戻し汁を入れて火にかけ、**2**と**3**を加えてやわらかくなるまで煮る。

5 **1**の赤貝を加え、調味料で味つけをしてひと煮立ちさせ、水溶きかたくり粉を回し入れてとろみをつける。

6 器に盛り、小口切りにしたねぎを散らす。

かに汁

〈鳥取県〉

山陰沖は、黒潮と親潮の分流が日本海に流れこみ、ぶつかる場所になっており、温度や水圧の安定した冷水域があるため、栄養に富んだ豊かな漁場となっています。鳥取でとれるかにというと雄のズワイガニ「松葉がに」が有名ですが、高級品として県外に出荷されることが多く、県民にとっては安価で味が濃厚な雌の「親がに」のほうが親しまれています。かに汁は親がにの漁期である11～12月にかけて食べられている鳥取の家庭料理。真っ二つに切ったかにと大根だけでつくる潔い汁です。

松葉がには足に詰まった身やかにみそを食べるのに対し、親がには「内子(うちこ)」と呼ばれる卵巣や「外子(そとこ)」と呼ばれる卵を食べます。旨みとコクの強い内子と外子は、味噌とよく合います。味がしみた大根を一緒に食べるとこれだけでご飯が進みます。鳥取の人にとってはごちそうというほどのものではなく、庶民の味ですが、親がにが出回る期間は短いため、この冬限定の待ち遠しい味でもあります。

協力＝鳥取県漁業協同組合網代港支所女性部　著作委員＝松島文子、板倉一枝

<材料> 4人分

親ガニ*…2枚（杯）（約300g）
大根…200g
水…800mℓ
味噌（淡色系辛口）…50～80g
*ズワイガニの雌。

<つくり方>

1 親ガニはよく洗い、縦に半分に切る（写真①）。
2 大根はいちょう切りにする。
3 鍋に水を入れ、大根を入れて火にかける。
4 煮立ったら親ガニを入れ、アクをとりながら10分ほど煮る（写真②）。
5 大根がやわらかくなったら味噌を溶き入れて火を止める。

①

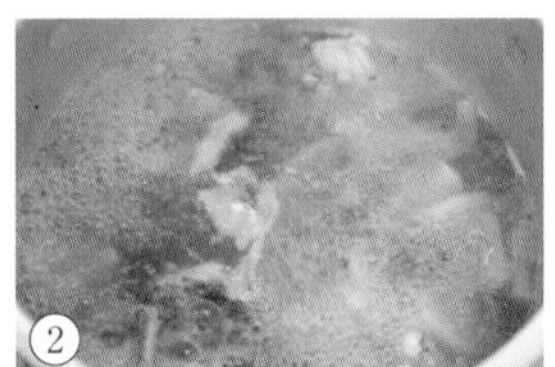
②

親ガニ。1枚100～200gと雄のズワイガニ（松葉ガニ）に比べ1/5程度の重量

撮影／五十嵐公

つがに汁

〈高知県〉

森林率全国1位の高知県には清流が多く、うなぎや鮎、ハヤや手長えび、かになどさまざまな川の恵みが生活の中にあります。河口から川の中流域辺りに生息するつがに(モクズガニ)もその一つ。生きたまま石臼で殻ごとつぶし、こしてつくるつがに汁は、手間はかかりますが、かにみそと身のおいしさを一度に味わえる特別な料理です。子どもの頃は生きたつがにを石臼でつぶす光景は残酷で気持ち悪く感じられたが、汁のおいしさに魅了されて好物になった人もいます。

つがには11月末、産卵のために海に下ります。卵からかえったつがには、年末頃に川へ遡上してそこかしこに住み着き、4年間過ごします。食べ頃は8月末から11月にかけてで、甲羅がかたくなる9月末頃から特有の香りが増してとくにおいしくなります。満月の夜は餌を食べないため、身が太る新月の頃を狙ってとります。汁以外にもゆでたり蒸したり、ゆで汁をそうめんのだしに使ったりして、そのおいしさを楽しみます。

協力＝田村住子、清水建一
著作委員＝福留奈美

＜材料＞4人分

生きたつがに*（モクズガニ）…2杯（約200g）
水…1ℓ程度
なす…1本
りゅうきゅう（ハス芋）…1/4本（50g）
塩…小さじ1
醤油…小さじ2
酒…小さじ2
青ねぎ…適量

*つがには水道水でも流水に入れておけば長く飼える。餌は熟した柿やかぼちゃをやる人が多く、かにみそが色づいておいしくなるといわれている。食べる前の3日間ほどは餌を切り、糞出しをしてから使う。

＜つくり方＞

1 なすは薄切りにする。りゅうきゅうは5mm厚さくらいの斜め切りにする。それぞれ水に10分ほどさらす。
2 ミキサーに水3カップとつがにを入れ、蓋をしてミキサーにかける。30秒ほどかけて殻が細かくなったらザルでこす。さらに、ザルに残った殻に水1カップをふりかけて、殻についた身などをこしとる。
3 次に目の細かいザルでこして、細かな殻をとり除く。
4 こした液を鍋に入れ、塩と醤油、酒を加えて中〜強火にかける。焦げつかないようにゆっくり底をかき混ぜながら加熱すると、沸く頃につがにのたんぱく質がふわっと寄る。
5 なすとりゅうきゅうを加え、塩加減をみて残りの水で味を調整して火を止める。強火で煮立たせると寄ったたんぱく質が散ってしまうので火加減に注意する。小口切りにした青ねぎを散らす。

◎9月後半以降はつがにの殻がかたくなるので、業務用ミキサーを使うか小さく砕いてから家庭用ミキサーにかける。

つがに用のカゴ網に餌の魚肉をしかけて川に沈めておく

つがに。ハサミの力が強いため、指などを挟まれないよう注意が必要

とってきたつがには逃げないよう蓋つきのビクなどに入れて流水に沈めておく

一級河川の仁淀川。季節になると支流も含めてつがにがよく獲れる

撮影／長野陽一

〈鹿児島県〉

山太郎がにの味噌汁

山太郎がに（モクズガニ）は県北西部を流れる川内川などに生息する淡水のかにで、上海蟹として有名なチュウゴクモクズガニの近縁種です。北薩地域では、このかにを味噌汁にしてかにの旨みを味わってきました。

旬は9月から11月です。産卵のために海へ下る時期は内子（卵巣）を持っているのでたいそうおいしく、大人から子どもまでカゴを持って川に出かけたそうです。かには夜行性なので、夕方にカゴを川の深いところに仕掛けます。エサを鮎にすると一番とれました。子どもたちは川遊びのついでに仕掛けて帰り、翌朝引き上げに行き、カゴごと持ち帰ると母親が喜んで味噌汁をつくってくれて、炊きこみご飯にすることもあったそうです。

かつては時期になると川付近では「山太郎がにあります」の看板が立ち、味噌汁や炊きこみご飯、鮎の塩焼きなどを食べさせる小屋もありましたが、現在ではとる人も少なくなり、店も見られなくなっています。

協力＝永野光伸　著作委員＝大山典子

＜材料＞ 4人分

山太郎ガニ…4杯
水…5カップ
麦味噌…60g
といもがら（はすいも）…200g
長ねぎ…1/4本（20g）

＜つくり方＞

1 カニをトングでつかみ、甲羅側、腹側ともタワシを使って水洗いする（写真①）。
2 カニを深めの鍋に並べ、水（分量外）をひたひたに入れ火にかける。水が熱くなるとカニが鍋からはい上がってくるので、鍋の蓋で押さえておく。
3 軽く沸騰したらザルにあげ、小さいカニはそのまま、大きいカニは腹側から包丁を入れ、適当な大きさに切る（写真②、③）。
4 といもがらは皮をむき、斜めに切る。
5 3のカニと分量の水を鍋に入れて再び加熱する（写真④）。アクをとりながら15分ほど煮たら4のといもがらを加え、沸騰したら味噌で調味し、小口切りにした長ねぎを加える。

◎ニラを入れることもある。

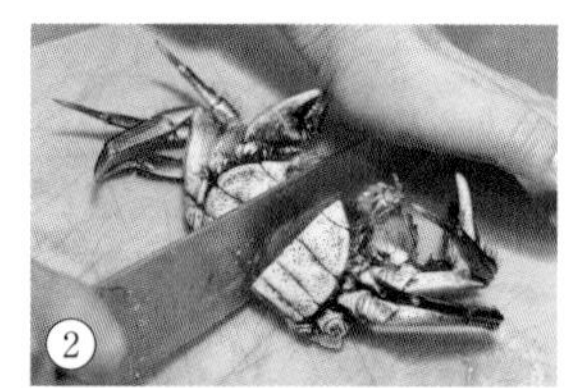

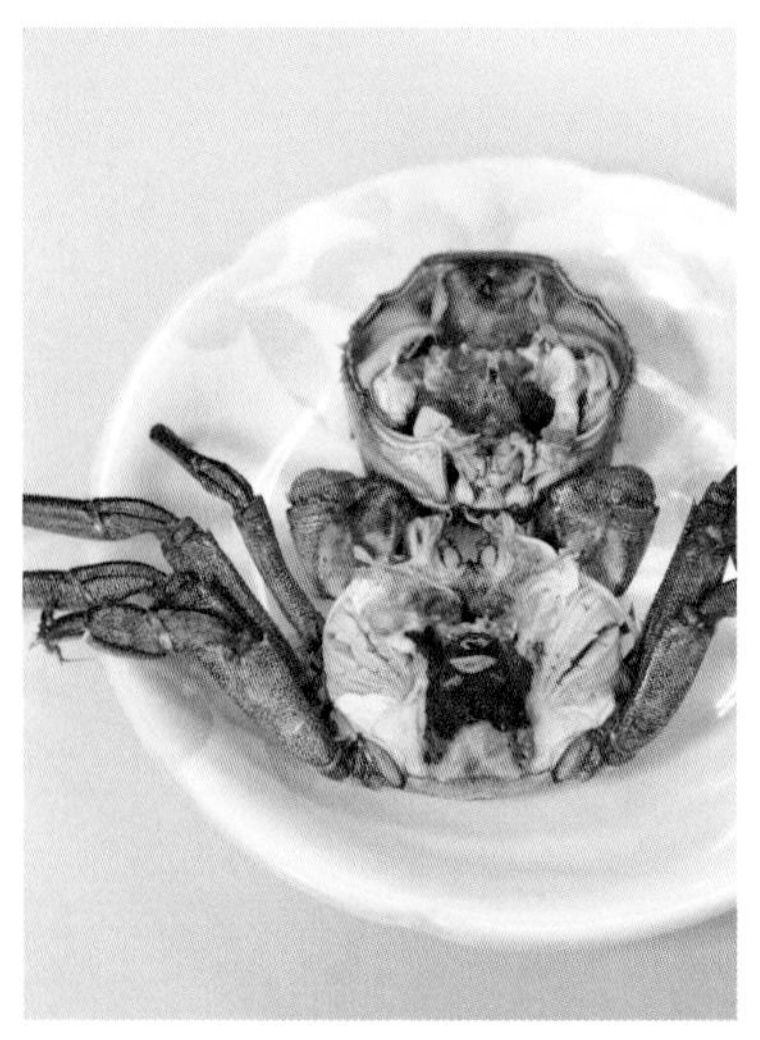

9～11月頃の山太郎ガニは、味噌と内子がたっぷりで濃厚な味わい

撮影／長野陽一

〈愛知県〉

かに汁

伊勢湾や三河湾に面する県内の海岸地域では魚介類を使った海鮮汁をよく食べますが、冠婚葬祭やかにが旬の時期にはとれたてを使い、かに汁をつくります。愛知県で「かに」といえば、わたりがに(がざみ)を指し、この地域では年間を通してとることができます。とくに梅雨から9月頃までが水揚げ量が多い時期です。

かには脱皮しながら成長するため、時期により大きさが異なります。そのため小さいかには身を食べずに汁もののだしにして、ある程度大きいかには主菜として身も食べたりします。調理には一般的に活きがにを使いますが、生きたままお湯の中に入れると足がはずれてしまうため、口に竹串を刺してしめてから調理します。

流通が発達した今日でも魚介類は海岸地域だからこそ味わえるものも多く、新鮮なうちにゆで上げたかにやしゃこはひと味もふた味も違います。深海魚のめひかり、にぎすのように鮮度落ちの早い魚もこのあたりでは手に入ります。

協力＝松下昭代
著作委員＝伊藤正江、筒井和美

撮影／五十嵐公

＜材料＞4人分

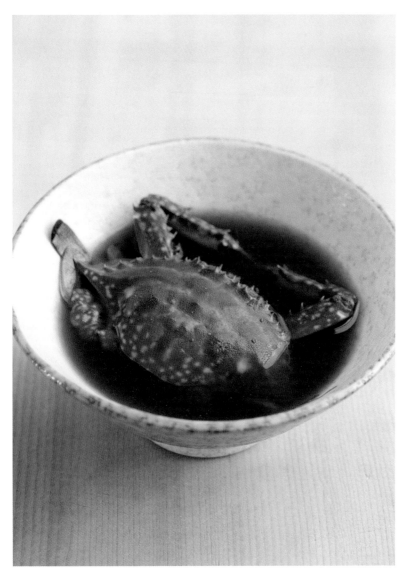

活きワタリガニ…4杯
水…4カップ
赤味噌(豆味噌)…大さじ2弱(40g)

＜つくり方＞

1 活きガニは口に竹串を深く刺し、しめる。
2 分量の水を鍋に沸かし、沸騰している中にカニを入れる。再び沸騰したら10分ほど加熱する。
3 赤味噌を溶かし、お椀にカニと汁を盛りつける。好みで小口切りにした小ねぎを散らす。

◎生きているカニを沸騰水に入れると暴れて足を身からはずすので、しめてから加熱する。

◎カニを食べるときは、甲羅をはずして縦半分に切り、足を2本ぐらいずつちぎって足の根元や胴体の身を食べる。足は身が少ないので食べない。

撮影／五十嵐公

<材料> 4人分

生ウニ…200g
アワビ…中2個（正味80g）
青じそ…3枚
【だし汁】
かつお節…8g
水…3.5カップ
塩…小さじ1弱（5g）（加減する）
酒…大さじ1

<つくり方>

1 アワビを貝殻からはずして身と肝を分け、水洗いしてから身を薄く切る。
2 青じそは縦半分にしてから、せん切りにする。
3 かつおだしをつくる。水が沸騰したらかつお節を入れ、再沸騰したら火を止め、かつお節が沈んだらこす。だし汁が600mℓあるか確認する。
4 だし汁が沸騰したらウニを入れ、再度沸騰したらウニをとり出して椀に盛る。
5 4の汁にアワビの身を入れ、再沸騰したらとり出して盛る。
6 5の汁に塩と酒を入れて味を調整し、椀に熱い汁をはる。青じそを散らす。

左からウニ、アワビ、青じそ

〈青森県〉

いちご煮

青森県の南部、八戸（はちのへ）は三陸リアス式海岸に面した漁業がさかんな町です。八戸から岩手県の沿岸にかけてはウニ漁がさかんです。いちご煮は、海女さんたちが自分で収穫してきたウニとアワビを使ってつくります。

ウニ漁の解禁日の初日の「初浜」の日に食べられます。ウニ漁は6月中旬から8月上旬まで、アワビ漁は7月までとされ、本来両方とれるときにつくるものですが、8月のお盆は人が集まるため、最近はその日までアワビは冷凍保存しておき、8月のウニ漁の最盛期に食べる、1年に1度の楽しみと海女さんは話しています。ウニやアワビを贅沢に食べられるのはたくさん収穫したときだけで、買ってまではつくらないそうです。

沸騰しただしにウニを入れると真っ白になり、かつおだしにウニのうま味が合わさってこの上なくおいしい潮汁になります。これはウニをふんだんに使うからで、量を減らすとだしは白濁せず、うま味も少ないのです。アワビとウニを具にした、贅沢な汁ものです。

協力＝荒谷恵子　著作委員＝安田智子

〈沖縄県〉

いか墨汁

　真っ黒な見た目がとても印象的な汁ものです。いか、いか墨、かつおと豚のだしでうま味たっぷりでコクのある味わいです。いか墨汁は昔からサゲグスイ（下げる薬）とも呼ばれ、のぼせや血圧を下げ、体の中の悪いものを出し、滋養強壮によいとされてきました。疲れたときや元気をつけたいときにつくります。また、新鮮ないかが手に入ったときにもよくつくります。いか墨汁に使うアオリイカは春から夏が旬で、その時期には店頭に多く並ぶので、夏の疲れが出る頃になるといか墨汁をつくって食べ、体の調子を整えます。

　いか墨汁はおいしさと珍しさから、観光客にも人気があり、沖縄料理店で扱っているところも多くみられます。また、地元の人も気軽に味わえるように町中の食堂や、道の駅あるいは漁港の食堂でもメニューとして並んでいます。

　沖縄では、その他のいか墨料理として、クリジューシー（黒い雑炊）と呼ぶいか墨入りの雑炊も食べられています。

協力＝森山尚子、川満仁美、佐久田清美
著作委員＝我那覇ゆりか

撮影／長野陽一

＜材料＞4人分

アオリイカ…1杯（約400g）
豚腕肉*…200g
イカ墨…1袋（イカからとったもの）
だし汁（かつお節）…6カップ
ニガナ**…40g
塩…2g

*豚の前足のつけ根の部分。
**沖縄でニガナ（もしくはンジャナ）は和名のニガナとは別種で、ホソバワダンのこと。ほのかな苦味があり、薬草としても利用されてきた。

＜つくり方＞

1. イカはエンペラを上に置き、胴の真ん中から縦半分に切れ目を入れる（写真①）。墨袋を切らないように気をつける。
2. 胴を開き、内臓を手でやさしく胴からはがす。墨袋はとっておく。
3. イカの胴と足、豚肉を4〜5cm短冊に切る。
4. だし汁に、イカ、豚肉を入れてアクをとりながら30分ほど煮こむ。
5. 小皿内で墨袋を破き、イカ墨を出しておく。4のイカがやわらかくなったらイカ墨を入れ、塩を加える。イカ墨は煮すぎると味が落ちるため最後に入れる。
6. 仕上げに粗く刻んだニガナを加えできあがり。

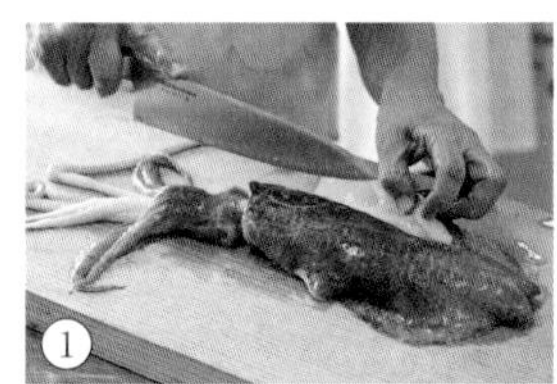

撮影／長野陽一

<材料> 4人分

生あおさ…30g（乾物の場合は1.5g）
味噌汁…3カップ

<つくり方>

1 あおさはさっと水洗いして汚れを落とし、水けをきる。
2 温めた味噌汁にあおさを入れる。好みで小口切りの青ねぎを散らす。

◎乾物のあおさの場合は、1分ほど水で戻してもよいし、水で戻さず、そのまま味噌汁に入れてもよい。

〈三重県〉

あおさの味噌汁

三重県のあおさの生産高は全国の約60%を占め、全国第1位（2017年）です。おもに伊勢湾や志摩の海岸でとれ、養殖もしています。今回聞き書きをした志摩町和具（わぐ）は、北は英虞（あご）湾、南は熊野灘に面し、志摩町の中でも海女の多い地域で、あおさの生産量も多く、水産業がさかんです。

あおさとはヒトエグサのことです。カルシウム、ビタミンA、B_1、B_2、C、食物繊維などの栄養分が豊富に含まれた海藻で、色が濃く磯の香りが強くてやわらかいのが特徴です。乾物として使うことも多いですが、とれたては手を加えないほうがおいしいため、海岸近くの地元では生のまま味噌汁の具として食べます。汁が煮立ったところへさっと入れるのがコツで、煮過ぎるとどろどろになります。すまし汁、酢の物、卵焼きや天ぷらにしてもおいしく、日常の食事に頻繁に登場します。和具では、あおさの味噌汁はおもに朝食として、ご飯とらっきょうの漬物、魚肉ソーセージなどと食べられています。

協力＝伊藤泰子、石原幸子、山本鈴子
著作委員＝阿部稚里、平島円

〈長崎県〉

あおさの味噌汁

四方を澄んだきれいな海に囲まれた長崎の離島では、あおさは春を知らせる海藻です。温暖化の影響でとれる時期が、3月から4月下旬と早くなっており、また最近は海が荒れているので天然ものは少なくなっています。五島列島、壱岐(いき)、対馬(つしま)、平戸(ひらど)などの島で収穫され、長崎県下で広く食べられています。乾燥したものは市場に出回っていますが、緑色が鮮やかで磯の香りが広がる新鮮な生あおさはなかなか手に入りません。生あおさは味噌汁や吸いもののほか、天ぷらや玉ねぎなどと一緒にかき揚げにしてもまたおいしいです。

ここで紹介したレシピは、五島列島の新上五島町若松地区のものです。魚のすり身との相性もよく、新鮮な魚が手に入る島ならではの食べ方です。岩についている天然のあおさは養殖ものより味が濃くておいしいのですが、砂が多いので砂をよく落とさなければなりません。あまり人の来ないきれいな海のものは味がよく、収穫したら冷凍してとっておくそうです。

協力＝大坪鷹子、吉村美知子、荒木和子
著作委員＝冨永美穂子、石見百江

撮影／長野陽一

<材料> 5人分

乾燥小アジ*…5尾
水…4カップ
生あおさ…75g
アジのすり身**…75g
麦味噌…50〜60g

*小アジが大量に手に入ったときにつくる。小さければ頭はそのままで、腹ワタだけはとり、塩水でゆでて天日干しする。冷蔵あるいは冷凍で保存する。冷凍の場合は3〜4カ月。

**アジのすり身は、アジの身に砂糖、酒、卵、塩を加えてすり鉢やフードプロセッサーなどで練り合わせてつくる。

<つくり方>

1 鍋に乾燥小アジと水を入れて火にかける。沸騰後、数分加熱したらこしてだしをとる。
2 1のだしを火にかけて沸騰したら、アジのすり身をスプーン2本でだんご状にして入れて火を通す。あおさはさっと洗い、水けをきっておく。
3 麦味噌を溶き加え、あおさを入れて火を止める。あおさを入れたら時間をおかずに器に注ぐ。

◎あおさは乾物を使えば、年中食べられる。

◎アジのすり身が新鮮で混ざりものが含まれていないものならば、すり身だけで十分にだし(うま味)は出るので、だしはとらなくてもよい。

野菜といもの汁

根菜やきのこや里芋がたっぷり入った冬の汁は体を芯から温めます。あさつきやたけのこの汁で春の訪れを喜び、夏はさっぱりとしたきゅうりやなすの汁にごまを加えてコクをつけます。ご飯がたくさん食べられるとろろ汁は、秋の収穫を祝う滋養たっぷりの汁です。

〈青森県〉

けの汁

津軽地方を中心に食べられている冬の郷土料理です。大根、にんじん、ごぼうなどの根菜と、春にとって保存しておいたふきやわらび、ぜんまいなどの山菜、大豆、凍(し)み豆腐などがたっぷり入った実だくさんの汁で冬の野菜不足を補い、体をあたためる料理としてつくられています。

津軽では小正月を「女正月(おんなしょうがつ)」と呼び、女性は台所仕事から解放されて里帰りをする習慣がありました。この留守の間、家族が簡単に食事できるようにと大量につくっていたのがけの汁です。最近は小正月の風習は薄れましたが、年越しや正月など、人が集まるときに家にある鍋の中で一番大きいものを使って30杯分以上のけの汁を仕込み、小屋などの寒い場所に保存しておき、10日間くらい食べつなぐそうです。

食べるときはその都度必要な分だけだし汁でのばし、温めて味噌で味をつけ直します。けの汁の素朴で優しい味は何日食べても飽きることがないといいます。

協力＝中田挂子　著作委員＝北山育子

撮影／五十嵐公

<材料> 10人分

大根…1/2本 (500g)
にんじん…1本 (150g)
ごぼう…1/2本 (80g)
凍み豆腐*…1丁 (150g)
油揚げ…1と1/2枚 (30g)
わらび (水煮)…150g
ふき (水煮)…200g
ぜんまい (戻したもの)…100g
┌水…6〜7カップ
└昆布…15g (10cm角)
青大豆**…70g
味噌…100g

*豆腐を凍らせたもの。高野豆腐2枚(35g)でもよい。

**熟しても青い色の豆。大豆でもよい。

写真左上から右へ、にんじん、凍み豆腐、ごぼう、ぜんまいとわらび、味噌、大根、ずんだ、油揚げ、昆布、ふき

<つくり方>

1 鍋に水と昆布を入れ、一晩おく。
2 青大豆は水 (分量外) に入れて一晩ほど戻す。冬場寒いときは丸1日かかる。戻した青大豆はすり鉢かフードプロセッサーですりつぶす (ずんだ) (写真①)。
3 凍み豆腐は解凍しておく。高野豆腐を使う場合は水で戻す。
4 調味料以外の材料はすべて5mmの角切りか5mm長さに切る。水につけた後の昆布も同様に切る。
5 1の鍋に大根、にんじん、ごぼうを入れてやわらかくなるまで煮る。次に凍み豆腐、油揚げ、昆布、わらび、ふき、ぜんまいを入れてアクをとりながら1時間ほど弱火で煮込み、材料に火を通す。
6 味噌を入れ、弱火で10分くらい煮る。具材が隠れるくらいの煮汁の量がよい。
7 2を入れてひと煮立ちさせる。

せんべいは汁にひたして好みの
やわらかさにして食べる

撮影／五十嵐公

＜材料＞ 5人分

おつゆせんべい…10枚
鶏もも肉（皮つき）…200g
にんじん…1本（150g）
ごぼう…1本（150g）
キャベツ…中1/3個
干し椎茸…3枚
高野豆腐…2枚
長ねぎ…1本
だし汁（干し椎茸）…1ℓ
酒、醤油…各大さじ2
みりん…小さじ2、塩…少々

＜つくり方＞

1. 鶏肉はひと口大に、にんじんはせん切り、ごぼうはささがき、キャベツはざく切り、干し椎茸は水で戻して細切り（戻し汁はだし汁に）、高野豆腐は水で戻して薄切り、ねぎは斜め切りにする。
2. 鍋にだし汁を入れて火にかけ、にんじん、ごぼう、椎茸、高野豆腐を煮る。
3. 材料が煮えたら、鶏肉を加え、火が通ったらキャベツを加え、酒、醤油、みりん、塩で味を調える。
4. ねぎを加えて少し火が通ったところにせんべいを2〜4つに割って入れ、火を止める。

せんべい汁用のせんべい。白せんべい、おつゆせんべいという

〈青森県〉

せんべい汁

八戸（はちのへ）地方は春から夏にかけて、太平洋に吹く冷たく湿った風「ヤマセ」のもたらす冷害、凶作に悩まされてきました。そこで冷害に強い小麦やそば、あわ、ひえなどの雑穀が栽培され、それらを挽（ひ）いて食べる文化が発達してきました。せんべい汁は、そんな南部地域の粉食文化から生まれた料理です。

せんべいは水で練った小麦粉を焼いたものです。江戸時代にはそのまま食べるだけでなく、汁ものに入れる食べ方があり、それがせんべい汁の始まりといわれています。昭和30年代に煮込んでも溶けにくい汁もの専用のおつゆせんべいが登場し、現在のような形になりました。昭和40年代には家庭料理として定着したようです。

せんべい汁は冬に食べることが多いです。煮汁を吸ったせんべいはすいとんのような歯ごたえで、汁には肉や魚、野菜、きのこ類がたっぷり入っていて、食べるとあとは何もいらないほどおいしいものです。それぞれの家庭の味があり、さば缶を使う家もあります。

協力＝工藤哲子
著作委員＝澤田千晴

撮影／奥山淳志

<材料> 4人分

ひろっこ（しろっこ）…20〜40g
卵…2個
┌煮干し…12尾
└水…3カップ
醤油…大さじ2弱
┌かたくり粉…大さじ1/2強
└水…大さじ2/3

自生しているひろっこを、株ごとスコップなどで掘りとる

<つくり方>

1 煮干しは頭と内臓を除き、分量の水に30分程度つける。火にかけ、アクをとりながらだしをとる。
2 ひろっこをよく洗い、長い場合は食べやすい大きさに切る。
3 1のだし汁に2を入れ、火が通るまで煮る。
4 醤油で味つけをして、水溶きかたくり粉を入れてとろみをつける。
5 よく溶きほぐした卵を、沸騰している煮汁をかき混ぜながら少しずつ入れ、ひと煮立ちしてふんわりしたら火を止める。

◎卵を加えてから加熱しすぎると、卵がかたくなるので注意する。

〈岩手県〉

ひろっこ汁

民話で有名な遠野の西部に位置する綾織町（あやおりちょう）は豊かな田園地帯で、町を東西に流れる猿ケ石川などの河原では、旧暦3月3日に「かまっこ炊き」が行なわれます。近所の女の子たちが集まってかまどをつくり、ひろっこ汁、にら玉、ちらしずしをつくって食べるのです。

ひろっこは、あさつきの若芽のことで、しろ、しろっこと呼ぶ地域もあります。早春、日当たりがよく雪が解けた日当たりのよい土手や庭先などに生えてきます。河原では、年長のお姉さんの指示を受けて年下の女の子たちが、ひろっこを引き抜いて川の水で洗う、河原にある石でかまどをつくる、焚（た）き木を集めるなどの作業を手伝います。これがひとつの遊びになっていたそうです。

ねぎに似た辛味にひろっこ独特の甘味が相まった汁を食べると、寒い河原でも体が温まりました。米粉のまんじゅうを持ち寄り交換して食べたり、今も思い出すとても楽しい春の行事だそうです。

協力＝菊池ナヨ、佐々木京子
著作委員＝村元美代

〈山形県〉

遠山(とおやま)かぶの味噌汁

米沢市に残る伝統野菜「遠山かぶ」を使った酒粕入りの味噌汁です。遠山は産地の地名で、米沢藩9代藩主上杉鷹山(ようざん)公が財政の立て直しのため、産業振興策の一つとして「大根は東の梓山に、かぶは西山に、秋かぶは遠山に」つくるように推奨したことからさかんに栽培されるようになったといいます。種は上杉家が越後から会津へ、また米沢へと転封(てんぽう)される間もずっと伝えてきたものです。

保存性が高い遠山かぶの実はかたくきれいに切るのが大変なので、ぶっかきます(引っかくようにして大きめに分ける)。するとごつごつとした面ができ、味のしみこみがよくなります。大豆をつぶしてつくる打ち豆が必ず入り、かぶの甘さと打ち豆のうま味、味噌、酒粕の味で十分においしく仕上がるので、だし汁を用意せず、水のみでつくります。火にかけても簡単に煮くずれない遠山かぶの味噌汁はつくりたてより、前日につくり翌日に温め直したものの方が、かぶに味がしみておいしくなります。

協力＝佐藤みや、松本時子
著作委員＝齋藤寛子

<材料> 4〜5人分

遠山かぶ…2〜3個(400g)
かぶの葉(茎の芯の部分)…少々
油揚げ…2枚
打ち豆*…20g
味噌…60g
酒粕…90〜100g
水…1ℓ

*熱湯をかけて数分蒸らし、木づちでつぶし乾燥させた大豆。

遠山かぶは「山形おきたま伝統野菜」のひとつ。実が非常にかたい

秋に収穫した遠山かぶは雪の下で保存すると春までもつ

撮影/長野陽一

<つくり方>

1 遠山かぶは皮をむき、包丁の角を使ってぶっかく(引っかくようにして大きめに分ける)(写真①)。
2 かぶの葉は、茎の芯のやわらかい部分を3cm長さに切る。
3 油揚げは熱湯をかけて油抜きし、大きめの短冊切りにする。打ち豆はさっと洗いひたひたの水に5分ほどつける。
4 鍋に分量の水とかぶを入れ、火にかける。途中で油揚げと打ち豆を加え、かぶがやわらかくなるまで煮る。
5 2を加え、味噌と酒粕を溶き入れ、ひと煮立ちさせる。

◎打ち豆は長時間浸漬するとふやけて砕けてしまう。かたさが残る程度に浸漬して加熱すると、ふっくらやわらかく煮えて、旨みも出る。

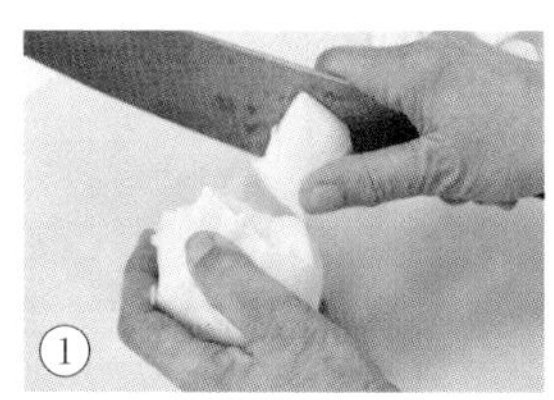

〈福島県〉

たけのこ汁

郡山市西部に位置する湖南町（こなんまち）で食べられている地竹（じだけ）と鯖の缶詰、じゃがいもを入れた味噌汁です。地竹とは、根曲がり竹のこと。湖南町は高冷地で地竹がたくさん収穫できたため、たけのこというと地竹です。5月末から6月中旬頃、暖かくなり地竹がとれるようになると、じゃがいもと合わせてたけのこ汁をつくります。

以前は、魚は身欠きにしんを使っていましたが、缶詰が普及してからは鯖の缶詰を使うことが増えました。春の遠足では、鍋と鯖の缶詰を持って行き、山で地竹をとり、その場でたけのこ汁をつくって食べたという人もいます。地竹は缶詰を使うこともありますが、とれたての生のものを使うと風味や味がより感じられます。鯖のうま味と地竹のほんのりとしたえぐみ、味噌がよく合い、これを食べると春が来たなと感じます。

2011年の原発事故後は、放射能の影響でたけのこに出荷制限がかかるようになり、地元の地竹は手に入りにくくなっています。

協力＝桑名美代
著作委員＝柳沼和子

撮影／長野陽一

＜材料＞ 5人分

地竹*（水煮）…350g
じゃがいも…5個
豆腐…1丁（400g）
サバの水煮（缶詰）…1缶（190g）
水…6カップ
味噌…80g

*根曲がり竹のこと。缶詰を使ってもよい。

＜つくり方＞

1 じゃがいもは皮をむき、大きめのひと口大に切る。地竹は3cmほどの食べやすい大きさに切る。豆腐はさいの目に切る。
2 鍋に水を入れ、じゃがいもと地竹を入れて煮る。
3 じゃがいもに火が通ったらほぐしたサバの水煮を汁ごと加え、味噌と豆腐を入れてひと煮立ちさせる。

撮影／五十嵐公

<材料> 4人分

かんぴょう…15g
卵…2個
醤油…大さじ1
塩…小さじ1/3
だし汁（昆布とかつお節）…3カップ

<つくり方>

1 かんぴょうはさっと水洗いし、塩（分量外、小さじ1くらい）で弾力がでるまでよくもみ、水洗いして塩を洗い流し、軽くしぼる。
2 かんぴょうを沸騰した湯で約5分ゆで、やわらかくなったら軽くしぼり、2cmの長さに切る。
3 卵をほぐした中にかんぴょうを入れ、混ぜておく。
4 煮立っただし汁に醤油、塩で調味し、その中に**3**を入れ（写真①）、フワッと固まったら火を止める。

◎青味の野菜として三つ葉などを入れてもよい。
◎**3**をだし汁に入れた直後は泡が立つが、しばらくすると澄んだ汁になる。
◎かんぴょうと卵を別に準備して、**4**の味のついた汁にかんぴょうを入れ、ほぐした卵でまとめてもよい。

〈栃木県〉

かんぴょうの卵とじ

料理名からは汁ものと想像することができませんが、栃木県民にはかんぴょうの入った汁ものとして好まれています。決して煮物ではありません。やわらかく煮えたかんぴょうがフワフワの卵をまとって舌触りがよくコクもあります。

かんぴょうそのものは、味に癖がなく、色も白いので、いろいろな料理に使えます。保存性がよく、ミネラル成分と食物繊維も含んでいます。乾物のため戻す手間はかかりますが、この卵とじはその後の調理が単純で簡単に仕上げることができます。かんぴょうの料理としては一番簡単で食感がよく分かる、かんぴょうが主役の汁ものです。

栃木県はかんぴょうの生産が日本で第1位です。昭和40年前後は輸入品がなく国産品だけだったのでかんぴょうは高級品でした。農家における神事の祭り、農作業の節目、来客などのときには、五目ご飯と卵とじがつくられます。どちらもかんぴょうが入っているのでごちそうでした。

協力＝大越歌子
著作委員＝名倉秀子、藤田睦

〈埼玉県〉

旬の野菜の味噌汁

埼玉県は日照時間が長く、気候もおだやかなことから、商業的にもまた自家用にも昔からさまざまな野菜が栽培されてきました。聞き書きをした入間山間部、飯能市名栗は、平地が少なく米はつくれない土地でしたが、畑で小麦や大豆、いも、野菜を栽培し、山では山菜、木の実がとれました。春の菜の花や小松菜、うどやせりなどの山菜、夏のなすやみょうが、秋のさつまいもやきのこなど、その季節にとれる自家用野菜や山菜は、味噌汁の具に、またうどんと一緒に煮こんで食べていました。

通常の食事は、朝は麦めしと味噌汁と漬物。昼は漬物や野菜のおかず。冷やめしにお湯をかけて食べたりもしたそうです。夕食は残りご飯の量に合わせてうどんを打ち、野菜たくさんの煮こみうどんにしました。麦めしの米と大麦の割合は昭和30年頃は7：3くらいでしたが、徐々に麦が減り、40年代には白飯になりました。炊飯器の普及で夕食にもご飯を炊くようになって、うどんを打つこともなくなったそうです。

協力＝町田雅子、田島佳江　著作委員＝島田玲子

撮影／長野陽一

<材料> 4人分

旬の野菜やきのこ…300g
（写真はかぼちゃ120g、玉ねぎ100g、にんじん60g、さやいんげん20g）
だし汁（かつお節や煮干し）…3.5カップ（700mℓ）
味噌…大さじ2と2/3

<つくり方>

1 かぼちゃをひと口大に、玉ねぎをくし形に、にんじんを短冊に切る。いんげんは下ゆでして半分に切る。
2 だし汁でいんげん以外の具を煮て、火が通ったら味噌を溶かし、いんげんを加えて火を止める。

◎味噌汁の具は、その季節の野菜ならなんでもよい。

撮影／長野陽一

<材料> 4人分

- 干葉（大根の葉を干したもの）…1/2株分
- 水…2カップ
- 酒粕（板粕）…50g
- だし汁（煮干し）…1/2カップ
- 味噌… 大さじ2〜3

<つくり方>

1. 干葉は軸から葉の部分を手でこそげ落とし、葉を分量の水に30分ほどつけて戻す。
2. 酒粕をだし汁に浸し、やわらかくほぐす。だし汁は少し温めるとほぐれやすい。
3. 1をそのまま鍋に移し、火にかけて沸騰させる。
4. 2の酒粕をペースト状にして3に加え、ひと煮立ちさせる。
5. 味噌を加えて味を調える。

◎葉をこそげて残った茎は布袋に入れて入浴剤にすると体が温まる。

〈東京都〉

干葉の粕汁

大根の葉を干したものを干葉といい、東京都の北西部にある奥多摩町では、寒い冬には干葉を粕汁に入れて食べます。ひなびた味が懐かしい、体が温まる冬の定番メニューです。

秋はたくあんや切り干し大根、ゆず巻きをつくるので、大量に出る大根葉は、冬場の野菜の足しにと干して保存します。外側のかたいところを除き、やわらかいところだけを竿に1本ずつまたがせます。北風の吹く晴天が続くときれいな緑色になり、手でもんでカラカラになれば干し上がりです。茎に葉がついたままで保存し、使うときに葉をこそげとります。

近くに酒蔵があり、新酒の酒粕が出回るとよく干葉の粕汁を食べますが、子どもはあまり好みません。こそげた葉をフライパンで炒り、ごま、じゃこを入れたふりかけにすると、子どもも喜んで食べるそうです。昔は春までに食べきりましたが、今はペーパータオルで包んでポリ袋に入れて冷蔵庫に入れ、次の干葉ができるまで使います。

協力＝大串久美子、平原幸子
著作委員＝大久保洋子、香西みどり

いもがらのおつゆ

〈東京都〉

いもがら（里芋の葉柄）を干して保存食にしたずいきは、煮物や汁ものなどに使われますが、これは生のいもがらを使ったすまし汁です。現在の板橋区高島平周辺にあたる徳丸ケ原は、昭和30年代後半までは東京でも有数の水田地帯で、その南側の徳丸周辺の台地には畑が広がっていました。徳丸では雑煮に八つ頭が欠かせないため、昔から畑で育てられました。八つ頭の葉柄は赤色でえぐみが少なくおいしいので、八つ頭を収穫したときは必ず、おつゆをつくりました。秋から冬の八つ頭収穫時限定の旬のおつゆです。

一般にすまし汁は塩と醤油で調味しますが、このおつゆは醤油だけで仕立てます。材料もいもがらのみとシンプルですが、ごま油を使うのでとてもコクがあります。かつてはなたね油を使っていたそうです。できたての少し歯ごたえのあるいもがらも、翌日煮返してとろとろにくずれたいもがらもどちらも大変おいしく、たくさんつくって食感の違いを楽しみます。

協力＝安井茂、安井敦子
著作委員＝加藤和子

撮影／長野陽一

<材料> 4人分

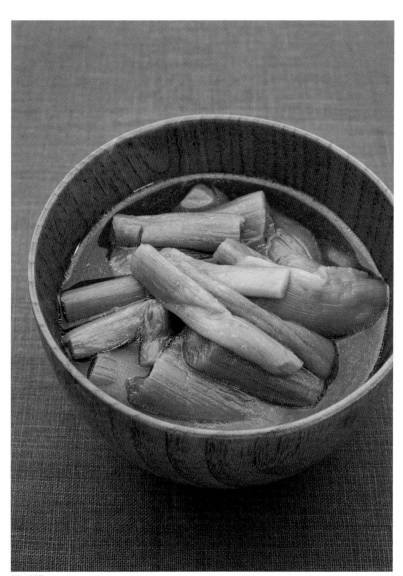

いもがら（生）…500g
ごま油…大さじ1
だし汁（かつお節）…3.5カップ
醤油…大さじ1と1/2

<つくり方>

1. いもがらの皮を、つけ根（太い方）から手でむく。
2. 手で、2.5cm程度の長さに折り、30分ほど水に浸してアクを抜く。
3. ザルにあげ、水けをきる。
4. 鍋にごま油を熱し、いもがらをしんなりするまで炒める。
5. だし汁を加えて好みのかたさに煮て、最後に醤油で味を調える。

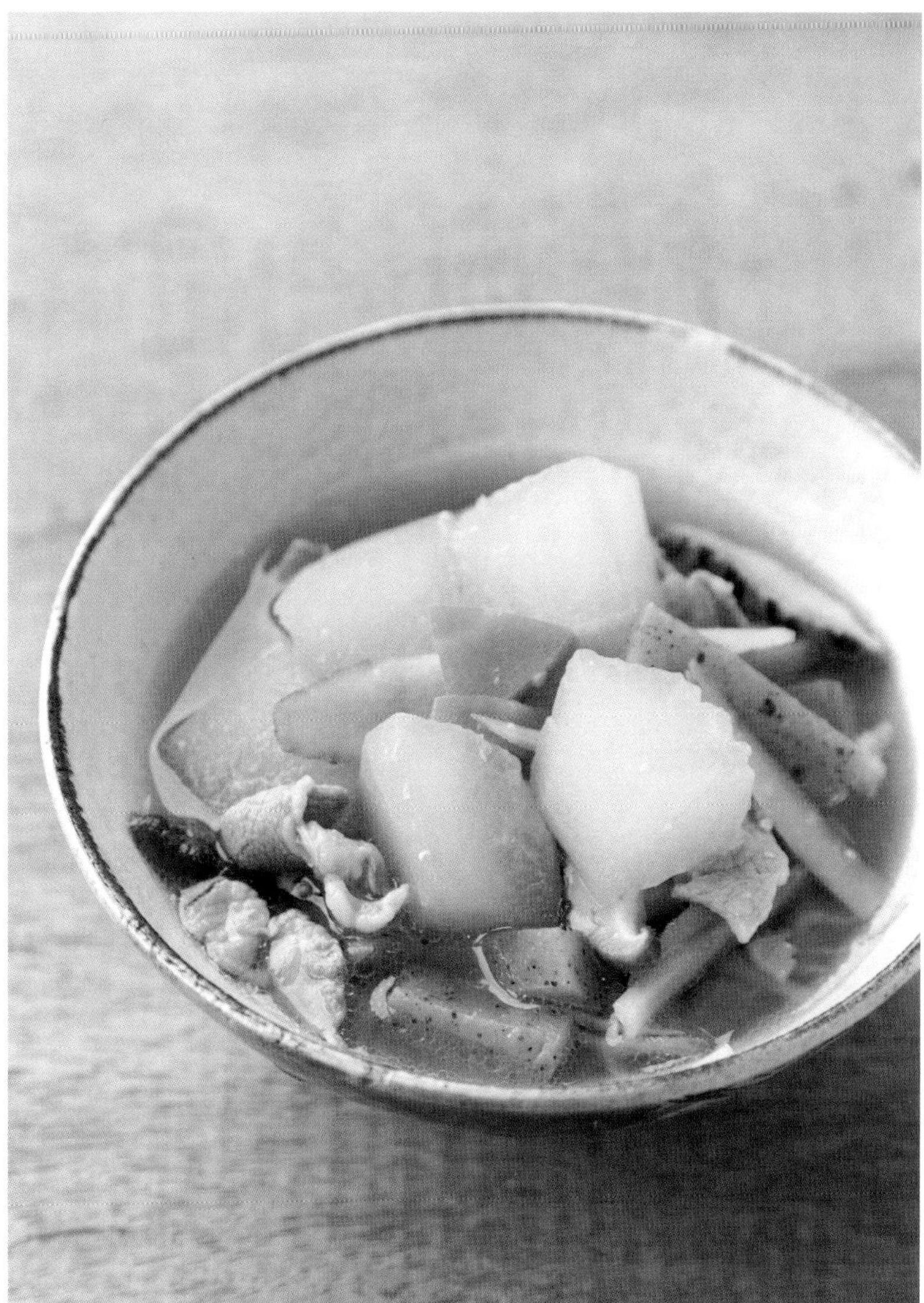

撮影／五十嵐公

<材料> 4人分

とうがん…1/4個（正味400g）
豚バラ肉…100g
ごぼう…1/3本（60g）
にんじん…2/3本（100g）
こんにゃく…1/2枚（125g）
干し椎茸…4枚（20g）
味噌…60g
水…3.5カップ（椎茸の戻し汁を含む）

<つくり方>

1. とうがんは種とワタをとって皮をむき、ひと口大に切る。
2. ごぼうはささがき、にんじんはいちょう切り、こんにゃくは拍子木切りにする。
3. 干し椎茸は水で戻し、薄切りにする。
4. 豚バラ肉はひと口大に切る。
5. 鍋に水と椎茸の戻し汁、計3.5カップを入れ、材料をすべて入れて加熱する。
6. アクをとりながら10分ほど煮て、とうがんがやわらかくなったら味噌を入れ、ひと煮立ちさせる。

〈神奈川県〉

とうがんの豚汁

とうがんを漢字で書くと「冬瓜」。夏に収穫したとうがんは貯蔵して冬の時期にも食べることができるので、県南東部の三浦半島では豚汁の材料にします。意外な組み合わせですが淡白な味わいのとうがんはやわらかくて口当たりがよく、脂の多い豚汁もさっぱりといただけます。

神奈川県は全国第4位のとうがんの収穫量を誇り（2016年）、その産地は温暖で露地野菜の栽培がさかんな三浦半島です。とうがんがここで商品作物としてつくられるようになったのは昭和60年代のことですが、自家用には昔から育てられてきました。夏の時期には体を冷やし冬には体を温めるので、夏は冷やしあんかけ、冬場は豚汁などにして食べられてきました。

10kgもある大きなとうがんは使いにくいと地元の農家グループが品種改良を重ね、現在は2〜3kgの小とうがん、1〜2kgのミニとうがんもつくられ、家庭料理にはもちろん、学校給食のメニューにもとり入れられています。

協力＝芹澤貞夫
著作委員＝津田淑江、河野一世

〈石川県〉

れんこんのおつゆ

金沢産のれんこんは加賀れんこんと呼ばれ、加賀野菜を代表する食材です。でんぷん質が多く、太く肉厚で粘りが強いのが特徴。8月下旬に収穫される最初のものはシャキシャキ感が強く、新れんこんと呼ばれます。8月から翌年5月まで長期出荷され、ほぼ一年中購入できます。家庭では煮物をはじめ天ぷら、酢の物やちらしずし、蒸し物や汁ものまで幅広く使われます。

れんこんをすりおろして使う味噌汁にはだんご汁とすり流し汁があり、どちらも親しまれています。汁にれんこんの粘りけが加わり冷めないので、とくに冬に好まれます。風邪の予防、のどによく、疲労回復にも効果があるといわれています。また母乳の出がよくなるといわれ、産後によく食べられます。

店頭では鍬(くわ)で掘り出した泥つきの「鍬掘り」と、ホースの水の水圧で掘る泥なしの「水掘り」があります。これは栽培している土地に合わせた収穫方法の違いで、れんこんの品質には変わりはありません。

著作委員＝川村昭子、中村喜代美、新澤祥惠

手前がだんご汁、奥はすり流し汁

撮影／長野陽一

<材料> 4人分

れんこん…1節（180g）
だし汁（昆布とかつお節）…3カップ
味噌…40〜45g
かたくり粉…大さじ2（れんこんの10％重量）
長ねぎ…8cm

<だんご汁のつくり方>

1 れんこんは皮をむいて、おろし金ですりおろし、汁を軽くしぼり別にとっておく。
2 ねぎは小口切りにする
3 だし汁を煮立て、1のしぼり汁を加える。
4 1のすりおろしたれんこんに、かたくり粉を加えてひと口大のだんご（1人3個くらい）に丸め、3のだし汁に入れ、浮き上がってきたら味噌を加える。
5 椀に盛り、ねぎを散らす。

◎同じ分量でかたくり粉を使わず、すりおろしたれんこんをそのままだし汁に入れ、味噌で調味すれば「すり流し汁」となる。

たけのこ汁

〈長野県〉

奥信濃は豪雪地帯ながら、四季折々の農作物や自然の豊富な食材に恵まれています。ここで「たけのこ」というと、細長い根曲がり竹（チシマザサ）のことです。根曲がり竹がとれる5月下旬から7月上旬は、さばの水煮缶との味噌汁がよく食卓にのぼります。身欠きにしんでつくる家庭もありますが、さば缶は切ったり戻したりする手間がいらず、さば缶のうま味でだしをとる必要もなく、何より根曲がり竹との取り合わせがおいしく重宝されます。この時期、地元のスーパーではさば缶が山積みになって売られています。

根曲がり竹はやわらかく甘味があり、孟宗竹のようにあく抜きせずに使えます。ほどよい歯ごたえとほんのり感じる苦味がさばのうま味とよく合い、苦労して山にとりに行ってでも食べたい一品です。瓶詰めや缶詰めなどにして保存すれば、一年中楽しめます。ただし、「たけのこは一晩おくと山へ帰る」といわれ、時間がたつほどかたくアクが強くなるので、とってきたらすぐに調理します。

協力＝木原喜美子　著作委員＝小川晶子

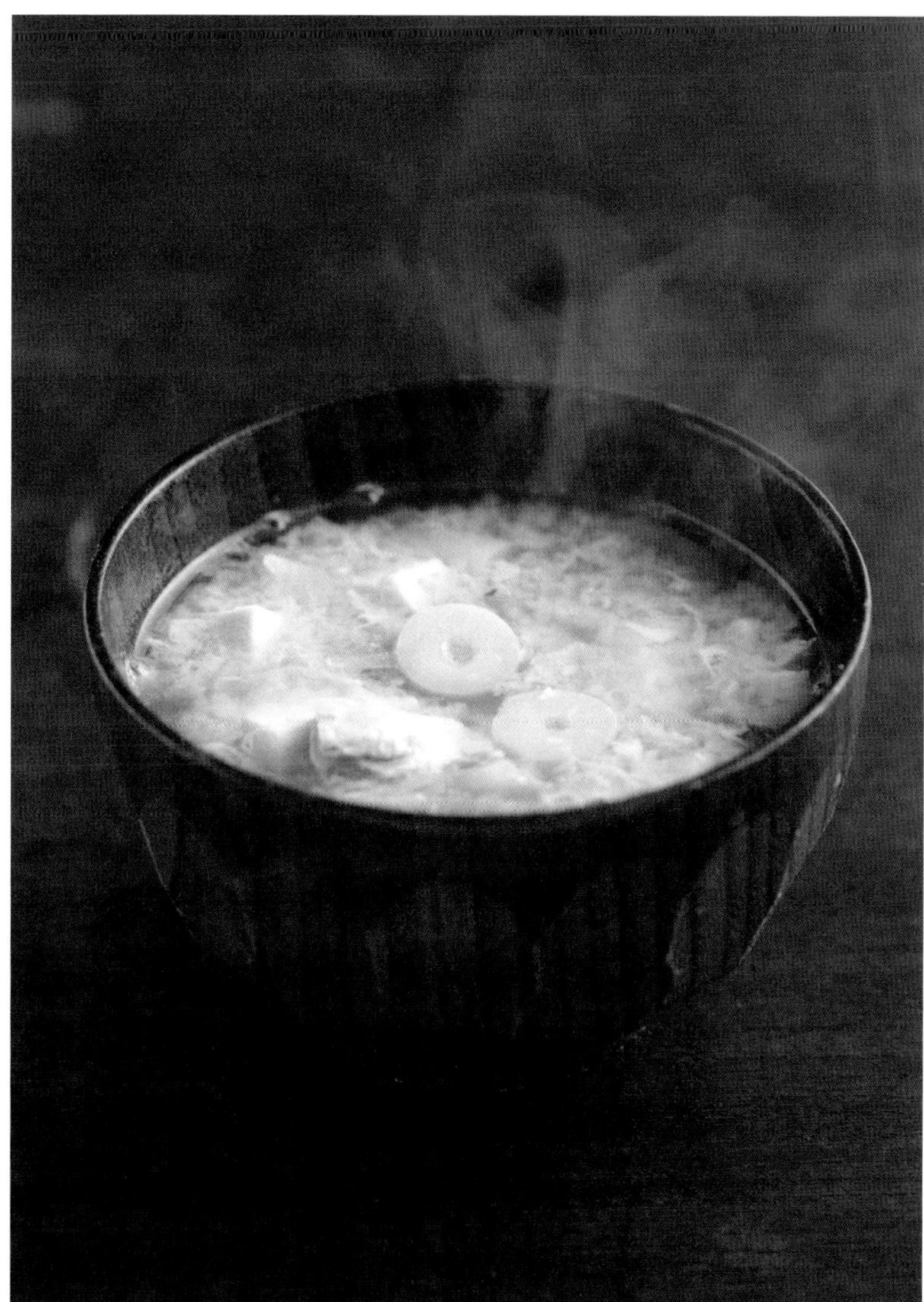

撮影／高木あつ子

＜材料＞ 4人分

根曲がり竹（皮つき）…10本（約200g）
サバの水煮（缶詰）…1/4〜1/2缶（50〜100g）
玉ねぎ…1/2個
豆腐…1/2丁
溶き卵…1個分
水…2〜3カップ
味噌…大さじ2〜3（40〜60g）
酒…小さじ1〜2

＜つくり方＞

1. 根曲がり竹の皮をむく。皮の部分に包丁で、縦方向に切りこみを入れ、切れ目から皮をはぎとる。
2. 根元から2節くらいまでは煮てもかたいので切り落とし、斜め薄切りにする。節がかたいところは節だけを除き、残りを1.5cmほどの筒切りや薄切りにする。
3. 鍋に水と**2**を入れて強火で5分ほど煮たら、サバの水煮と汁、薄切りにした玉ねぎ、酒を加えて中火〜強火で煮る。
4. たけのこが好みのかたさになったら、さいの目に切った豆腐を入れ、味噌で味を調え、煮立ち始めたら溶き卵を流し入れる。

〈三重県〉
きゅうりの冷や汁

伊賀・上野地域は県北西部に位置し、北は滋賀県、西は京都府、奈良県と接しています。古くから「みやこ」との交流が深く、「みやこ」の文化や生活をとりこんだ食文化が息づいています。ただ、海に面していない地域のため、海産物はごちそうで、冷や汁のような自家用の野菜を使った料理が日常食でした。四方を山に囲まれた盆地のため、夏はとても暑く、調理に火を使わずにつくれて、さらっと食べられる冷や汁が重宝されました。

冷や汁は冷たく塩けがあってのどごしがよいので、真夏の食欲の出ないときにはうってつけです。きゅうりの食感とごまと味噌の旨みが食欲をそそり、温かい麦めしにかけ、たくあん漬けなどを添えると、お茶漬けのようにサラサラと食べられます。具にはきゅうりのほかに、しその葉やみょうが、ねぎ、油揚げ、わかめなどを刻んで入れる家庭もあり、味噌に卵黄をすりこみ、味にまろやかさを出すこともあります。

協力＝吉岡美子
著作委員＝鷲見裕子

撮影／長野陽一

<材料> 4人分

冷ましただし汁（いりこ、かつお節など）…3カップ
ミックス味噌*…大さじ4
白ごま…大さじ2
きゅうり…1本半
塩…小さじ1/3
青じそ…適量

*豆味噌圏のこの地方では米味噌+豆味噌の味噌で、豆味噌の割合が低い調合味噌を「ミックス味噌」という。「赤だし」は豆味噌の割合が高い。

<つくり方>

1 きゅうりは小口切りにして、薄く塩をして、軽くしぼる。
2 すり鉢で白ごまをすり、味噌を加えてさらにする。
3 2にだし汁を少しずつ加えてのばし、1のきゅうりを入れる。
4 器に盛り、せん切りにした青じそをのせる。

◎だし汁は冷やしておいても常温のままでもよい。だし汁がない場合は水でつくってもよい。

撮影／長野陽一

<材料>4人分

なす…2本
白ごま…60g
だし汁（煮干しか昆布とかつお節）
…3カップ
味噌（赤系辛口）…45g

<つくり方>

1 なすは縦半分に切ってから、皮に格子状になるように切り目を入れる。食べやすい大きさに切り、水にさらす。
2 ごまは炒ってすり鉢でよくする。
3 鍋にだし汁となすを入れて煮る。沸騰したら弱火にして、なすがやわらかくなるまで煮る。
4 2と味噌を溶いて入れる。沸騰直前に火を止める。

〈滋賀県〉泥亀汁

近江八幡や五個荘の近江商人宅でよくつくられていた夏の味噌汁です。汁に入れるのは夏にたくさんとれるなすとごまだけで、非常にシンプルです。すったごまで濁った汁が泥のようで、格子に切れ目を入れたなすが亀の甲羅のように見えることからこの名前がつきました。

米どころの東近江では、各家で味噌を仕込んでいるので、材料はどれも身近なものです。炒りたてのごまの香りとコク、味噌味のしみたなすの組み合わせはよく、食欲のないときでもするすると飲めます。

東近江は古くから交通の要衝として栄え、日本三大商人である近江商人を最も多く輩出した地域でもあります。ここでは農家はだしに煮干しを使っていましたが、経済的に豊かな商人宅では昆布とかつおぶしを使っていたといいます。また、ごまは栄養価が高く精がつくため、夏場も全国を駆け回らなくてはならない商人たちは夏バテ防止として泥亀汁を食べていたそうです。

著作委員＝小西春江

〈京都府〉粕汁

粕汁は、寒い冬の汁ものとして重宝されてきました。昔は新巻鮭のアラを入れましたが、今は豚肉などでつくります。材料は安価なものばかりですが、濃厚な汁ができ、冷える日の夕食には最適です。小いも（里芋）を入れることもあり、何を使ってもいいのです。そのときある材料と酒のしぼり粕を利用した汁ですが、白さの中ににんじんの赤やねぎの青が映え、見た目も風味も、品のよい一品です。

伏見の街を歩くといくつもの酒蔵が軒を連ねています。酒粕は10月から4月頃まで店頭に並びます。ある酒蔵の方のおすすめは、寒さがいちばん厳しい2月の初め頃にできる酒粕だそうです。人それぞれにどの蔵のどのお酒がと、好みがあるのと同様に、酒粕もそれぞれにひいきの蔵が決まっています。

かつては身近にあった酒粕ですが、徐々に手に入りにくくなっていると聞きます。日本酒の生産量が減っている上に、製法や絞り方が従来のものとは異なることが背景にあるようです。

協力＝山田熙子、田中慶子
著作委員＝米田泰子、福田小百合

撮影／高木あつ子

<材料>4人分

大根…1/4本（約200g）
にんじん…小1/3本（約40g）
こんにゃく…1/4枚（約50g）
油揚げ…1/4枚（約25g）
豚薄切り肉…40g
青ねぎまたは三つ葉…少々
酒粕…160g
白味噌…大さじ4
だし汁（昆布とかつお節）…1ℓ

<つくり方>

1. 大根、にんじん、こんにゃくは薄い短冊切り、油揚げは細い短冊切り、豚肉はひと口大に切る。ねぎは小口切りにする。
2. だし汁200mℓに酒粕をつけてやわらかくする。これに白味噌を加えて混ぜる。
3. だし汁800mℓで大根、にんじん、こんにゃく、油揚げ、豚肉を煮る。火が通ったら2を加えてひと煮立ちさせる。
4. 椀に盛りつけ、ねぎを添える。

撮影／五十嵐公

<材料> 4人分

ゆでたそうめん…1束分（乾麺で50g）
玉ねぎ…中1/4個
なす…1/2個
にんじん…2cm
じゃがいも…小1個
青ねぎ、みょうが…適量
味噌*…大さじ2
水…500mℓ
煮干し…10g

*味噌は、普段使っている米味噌に加え、今は合わせ味噌、赤だしを使うこともある。

◎具の野菜類は季節により変化する。

<つくり方>

1 玉ねぎはくし形切り、なすはいちょう切り、にんじんは太めのせん切り、じゃがいもは太めの拍子木切りにする。
2 煮干しと水でだしをとる。煮立っただし汁の中に1の野菜を入れて煮る。
3 味噌を加えて溶き、最後にゆでたそうめんを入れて再度加熱し、椀に盛る。斜め薄切りにしたねぎ、小口切りのみょうがを散らす。

〈奈良県〉

そうめんの味噌汁

そうめんを具とする味噌汁で、奈良盆地を中心とした県全域で食べられています。奈良盆地の中央に位置する桜井市三輪は三輪そうめんの生産地で、そうめん発祥の地ともいわれており、身近な素材です。

この味噌汁は日常食として一年を通して食べますが、とくに夏場は昼食の冷やしそうめんの残りを、その日の夕食や後日つくる味噌汁に入れることが多いです。ですから、味噌汁のためにわざわざそうめんをゆでることはしません。かぼちゃやじゃがいもを具材にすることが多いですが、季節の野菜ならなんでもよく、野菜とそうめん、そうめんのみなどバリエーションは豊かです。鍋に入れてしばらく煮ると出る独特のとろみを好む人が多いです。そうめんのおすましという食べ方もありますが、そうめんをメインとするにゅうめんとは異なり、麺はにゅうめんと比べて少なく、そうめんはあくまでも汁の具です。汁もの以外には、すき焼きの具材としても使います。

協力＝西川智津子、田中千香子、影山博子
著作委員＝喜多野宣子

粕汁〈香川県〉

煮干しのだし汁に地元でとれた野菜やいもを加え、地元でとれた米を原料とする酒粕や白味噌で味をつけた料理です。香川県の酒蔵は1700年代後半から1800年代にかけて、綾川や財田川、金倉川、弘田川の伏流水など酒造りに重要な水があって米がとれる中讃から西讃の各地区に広がっていきました。近くに造り酒屋がある地域では、年末になると酒粕を購入して粕汁をつくりました。冬の寒い日に食べるととても温かく、おいしかったといわれます。

中讃では正月の新巻鮭のアラを入れた粕汁を食べたそうです。同じく中讃の琴平町では、夕食に塩さばのアラでとっただしに野菜や酒粕を入れた汁が出され、その汁が塩辛かったけれどおいしかったという話もありました。ここで紹介したのは、西讃の三豊市財田町のレシピです。財田町は瀬戸内海に面していないので新鮮な魚の入手が難しく、魚は使わず、家で飼っていた鶏をつぶして使うのが一般的でした。

協力＝鈴木タカ子、高橋京子
著作委員＝次田一代

撮影／高木あつ子

<材料> 4人分

- 里芋…80g
- 大根…60g
- にんじん…60g
- ごぼう…40g
- 椎茸…30g（中2枚）
- こんにゃく…80g
- 鶏もも肉…100g
- 細ねぎ…5g（青みに使用）
- ┌水…3カップ
- │煮干し…25g
- └昆布…12g
- 酒粕（板粕）…40g
- 白味噌…40g

<つくり方>

1. 里芋は皮をむき、ひと口大に切る。
2. 大根、にんじんはいちょう切りにする。
3. ごぼうは乱切り、椎茸は細く切る。
4. こんにゃくはひと口大に手でちぎったあと、アク抜きをする。
5. 鶏肉はひと口大に切る。
6. 鍋に水と煮干し、昆布を入れて火にかける。沸騰直前に昆布をとり出す。煮干しは数分煮たあとにとり出し、だし汁をつくる。
7. だし汁に材料を入れて煮立て、野菜がやわらかくなったら、材料を煮ただし汁で酒粕を溶いて加え、ひと煮立ちさせる。
8. 味噌を加えて味を調える。青みに小口切りにした細ねぎを入れる。

◎酒粕が子どもに好まれない場合は、酒粕の量を減らし、白味噌を増やすとよい。

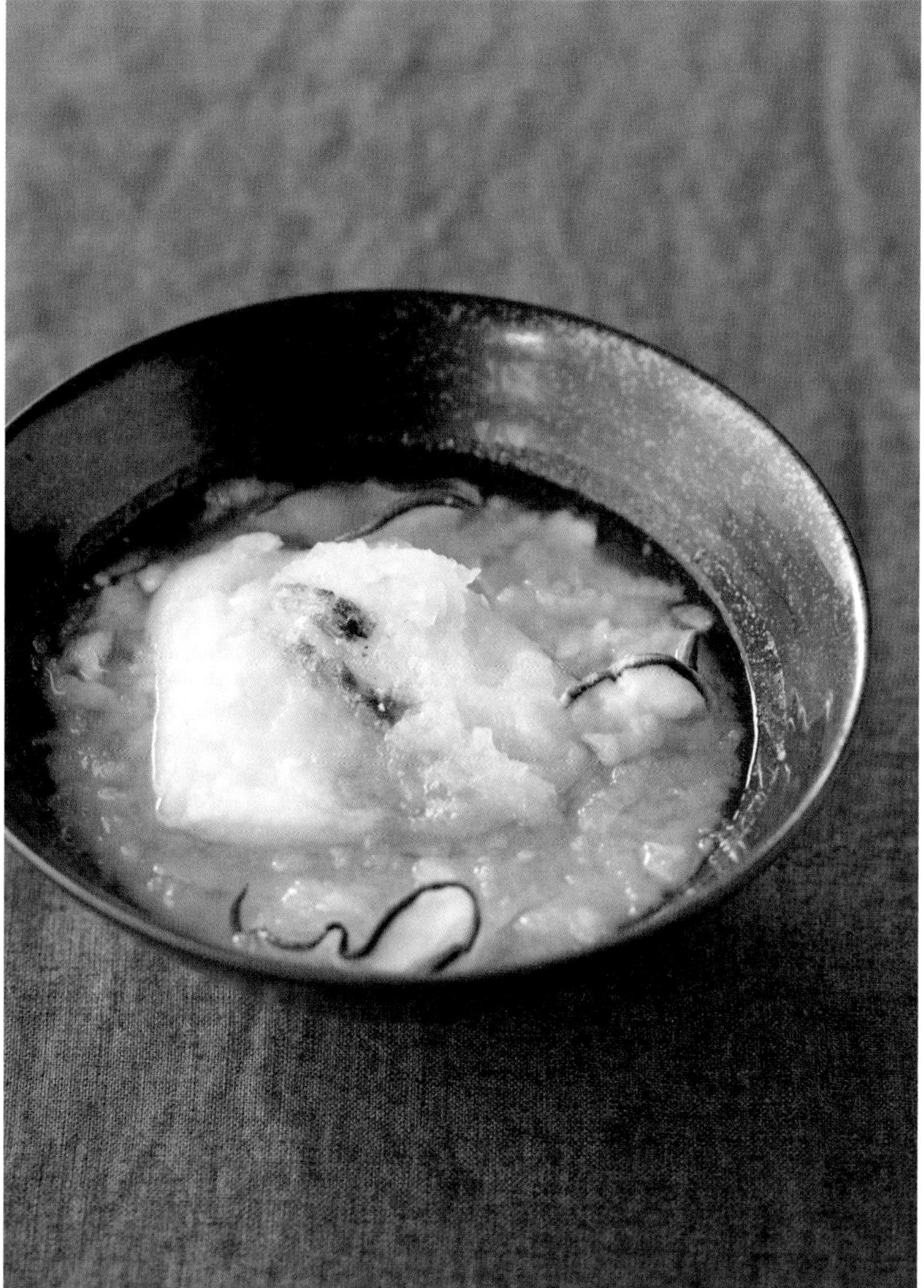

撮影／戸倉江里

＜材料＞ 5人分

大根（皮をむいて）…500g
皮クジラ（生、スライス）…40g
味噌…85g
切りもち…10個（1個約50g）
だし汁（昆布）…1ℓ

＜つくり方＞

1 おろしばた（鬼おろし）で大根をおろす。バット等でうける（写真①）。体重をのせるように力を入れておろす。
2 クジラを湯通しする。
3 もちを魚焼きグリルなどで焼き目がつくまで焼く。
4 だし汁に、水けを軽くしぼった大根を入れ煮立たせたら、湯通ししたクジラを加える。中火でひと煮立ちさせたら味噌を加えて溶く。
5 焼きもちを入れた器に4のつゆを注ぎ入れる。

〈佐賀県〉

ゆきのつゆ

焼き物の町、有田で窯場（陶磁器を焼く窯のある作業場）の職人さんたちの冬の夜食につくられたものです。粗くおろした大根が入った味噌汁で、ご飯や漬物とともに食べましたが、ときにはもちや皮くじらが入るとごちそうになりました。窯場は火を焚いている窯の近くは暑いですが、水を使う作業も多くて冷えるので、体が温まるものは喜ばれました。

どこの家庭でも目の粗い「おろしばた」を持っていて、これでおろした大根でないと、食べごたえがありません。ゆきのつゆは、たっぷり入った冬の大根の甘さが味噌汁によく合い、皮くじらの脂の旨みも加わってコクのあるおいしさです。ただ、くじらは最近では手に入りにくくなったため、豚肉や鶏肉、油揚げなどで代用することもあります。

もちを入れたつゆが出されるのは、年明け以降のことが多かったです。年の瀬が近づくと、もちつきの人が家々を回り、鏡もちやのしもちをつくってくれました。

協力＝松本郁子、西山美穂子
著作委員＝西岡征子、副島順子、武富和美

〈山形県〉

いも煮（牛肉）

山形県では秋に新しい里芋ができると、隣近所や学校、職場の仲間たちと親睦を深めるため河原でいも煮会を行ないます。内陸地方のいも煮は牛肉を使った醤油味。牛バラ肉の脂身が旨みとなり、砂糖を入れることでコクが出ます。八百屋やスーパーではいも洗い機で皮をむいたいもが売られていますが、みんな自分でむく方がおいしいことを知っているので、普段は市販の皮むきいもを使っても、もてなしのときは自分でむきます。

いも煮の起源は諸説ありますが、最上川舟運の船頭たちが始めたという説が有力とされています。酒田からの船の終点は米沢領の船着き場（現中山町）で、その先は背負子で陸路を運びます。取り引きの相手が来るまでの退屈しのぎに松の枝に鍋をつるし、運んできた棒だらと当地の名産の里芋を煮て食べたというものです。牛肉を用いるようになったのは、昭和のはじめ、養蚕農家と繭業者でいも煮会をやった際に、普及し始めた牛肉を業者におごらせたのが最初といわれています。

協力＝松本時子　著作委員＝齋藤寛子

撮影／長野陽一

<材料> 4人分

里芋…300g
牛バラ肉薄切り…150g
板こんにゃく（白）…1/2丁（100g）
きのこ（舞茸、しめじ、雑きのこなどなんでもよい）…100g
長ねぎ…1本（100g）
豆腐…1/2丁（150g）
水…4カップ
砂糖…大さじ1と2/3
醤油…1/4カップ
酒…大さじ2と2/3

<つくり方>

1 里芋の皮をむき、食べやすい大きさに切り、鍋に入れる。
2 1に分量の水を加え、火にかける。途中、里芋のぬめりが出てふきこぼれそうなときは、分量の醤油から少し分けて鍋に入れると泡が抑えられる。
3 こんにゃくは手でひと口大にちぎり、きのこは小房に分ける。ねぎは2cm幅の斜め切り、豆腐は大きめの色紙切りにする。
4 里芋がやわらかくなったら、こんにゃくときのこを加え、ひと煮立ちさせる。
5 牛肉は食べやすい大きさに切り、ほぐしながら鍋に入れ、砂糖を全体にふりかけるように入れる。
6 アクをとり、残っている醤油と酒を加え、ねぎと豆腐を加える。ねぎと豆腐がくたくたになるまでしばらく煮こみ、味をしみこませる。

◎山から採取した雑きのこは塩水につけて虫を出し、洗ってから用いる。

撮影／長野陽一

<材料> 4人分

里芋…250g
豚もも肉薄切り…250g
厚揚げ…1枚（200g）
板こんにゃく…1/2枚（150g）
椎茸…4枚（40g）
しめじ…100g
にんじん…1本（80g）
長ねぎ…1本（100g）
味噌（淡色系甘口）…大さじ4（70g）
酒…20mℓ
┌水…1ℓ
└煮干し…30g

◎酒の代わりに酒粕を用いてもよい。ごぼうのささがきを入れると風味がよくなる。

<つくり方>

1 里芋は皮をむいて丸のままかひと口大の乱切りにする。さっとゆでると皮がむけやすい。
2 こんにゃくは手でちぎり、1分ほどゆでてアクを抜く。
3 豚肉は3〜4cm幅に切る。厚揚げは油抜きした後、ひと口大（約2cm角）に切る。
4 椎茸はかさに飾り包丁を入れ、しめじは2〜3房の食べやすい大きさに切る。にんじんは薄めの乱切り、ねぎは厚めの斜め切りにする。
5 鍋に分量の水と煮干しを入れ、5分ほど加熱してだしをとる。ここに里芋、こんにゃく、酒を入れ、里芋がやわらかくなるまで煮る。
6 豚肉、にんじん、厚揚げ、椎茸、しめじを加え、味噌で味をつける。
7 最後にねぎを加える。加熱しすぎず、シャキシャキ感を残す。

〈山形県〉

いも煮（豚肉）

鶴岡市内では9月になると「いも煮食べたか?」があいさつ代わりになり、秋晴れの下、庄内浜の岩場や市内を流れる赤川の河川敷はいも煮会でにぎわいます。庄内地方のいも煮は豚肉と油揚げ（厚揚げ）を入れた味噌味です。明治の終わりに養豚が導入された庄内では昭和45年の減反政策以降、養豚がさかんになり、稲刈り後の祝いにも豚肉料理がふるまわれました。味噌は豚肉と相性がよく、豚肉（イノシン酸）と味噌（グルタミン酸）のうま味の相乗効果が生まれます。酒粕を加えることもあり、米どころ庄内ならではのいも煮といえます。いもは、ほっくりとして甘味が強く煮くずれしにくい、からとりいも（ずいきいも）を使うこともありました。

子どもの頃は町内の行事で、魚釣りや貝とりを楽しみながら庄内浜でいも煮をしたそうです。いも煮には自然と人が集まります。子ども心にもひとつの大きな鍋を大勢で食べる楽しさとおいしさを感じたそうです。

協力＝小林絹井、渡部優子、上林明美、佐藤綾音　著作委員＝佐藤恵美子

〈静岡県〉

自然薯のとろろ汁

自然薯は日本各地の山野に自生する日本原産の山芋の一種で、古くから食用、薬用にされてきました。静岡市と藤枝市との境に近い丸子周辺も昔からの自生地で、歌川広重の『東海道五十三次』にも丸子宿のとろろ汁屋が描かれています。宇津ノ谷峠を越える旅人が食べた名物がとろろ汁でした。

自然薯はひげ根を炎で焼いて皮ごとすりおろすので、滋味にあふれています。加えるだし汁は家庭や地域で異なり、掛川地域では味噌を加えたさばの煮汁と身をすりこみます。食べるときは、ご飯（麦めし）を少なめに盛ってとろろ汁をたっぷりとかけ、何回もおかわりをします。ご飯の入っていない茶碗でとろろ汁だけをすすることもあります。

自然薯は9〜10月になると、むかごが茎につきます。子どもたちは山の自然薯のむかごを見つけるとたくさんとって家に帰り、むかごご飯をつくってもらうこともありました。

協力＝遠藤泰子
著作委員＝高塚千広、伊藤聖子

＜材料＞ 4人分

自然薯…500g
だし汁（かつお節）…1.5カップ
味噌（淡色系）…大さじ1強

麦めし…適量
葉ねぎ…1本（5g）

3年ものの自然薯。県中部の静岡市や志太榛原（しだはいばら）地域で栽培されている

＜つくり方＞

1 自然薯をよく洗い、コンロの炎に当ててひげ根を焼きとる（写真①）。
2 だし汁に味噌を加える。熱い汁を入れるといもに火が通るのでこの汁は冷ましておく。
3 1の自然薯を皮ごとすり鉢や目の細かいおろし金ですりおろし、粘りけが出るようにすり鉢でよくする（写真②、③）。
4 2の汁を少しずつ加えながら、さらによくする（写真④、⑤）。
5 お玉ですくったとろろ汁がすぐには切れないくらいの濃さに仕上げる（写真⑥）。
6 茶碗に麦めしを少なめに盛ってとろろ汁をたっぷりとかけ、小口切りにした葉ねぎをかける。

◎とろろ汁に醤油を少量加えてもよい。

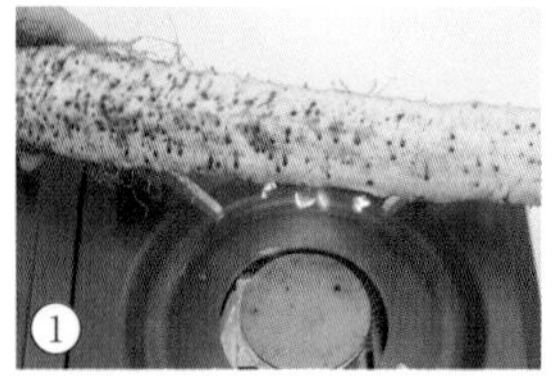
①

②

③

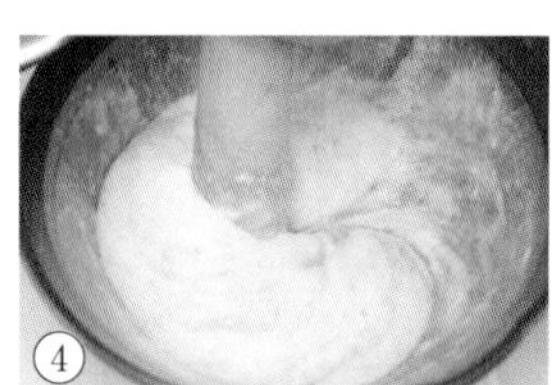
④

⑤

⑥

撮影／五十嵐公

〈岡山県〉

つぐねいものとろろ汁

単に「いも汁」ということもあります。いもは「つぐねいも」と呼ぶずんぐりと丸くゴツゴツとしたタイプで、とろろにすると粘りが強くおいしいものです。米の収穫が終わると、喜びと感謝の印に新米を神棚の「おどくう様（火の神、一家の守り神）」に供えます。そして、つぐねいものとろろ汁で新米をたっぷり食べました。かつてのいもは今より形がいびつで、おろすのが大変だったといいます。

聞き書き調査に協力いただいた方のむらは県北の山奥にあり、自給自足が基本の暮らしでした。屋号が「上」といい、むらの中でも高いところに屋敷があったため、子どもの頃から水汲みを手伝い、高校生になっても6月と11月には農繁期休みをとって家を手伝いました。農作業後に食べるとろろ汁は、こんなにおいしいものがあるのかと思うほどで、2杯、3杯とおかわりをしたそうです。

紹介するレシピは味噌で味つけをしますが、醤油味の家庭もあり、さまざまです。

協力＝重松勝江、岡志磨子
著作委員＝藤堂雅恵、藤井わか子

撮影／長野陽一

<材料> 4人分

- 水…4カップ
- 煮干し（頭と腹ワタを取り除いて）…20g
- 昆布（8cm角）…2枚
- 赤味噌（辛口米味噌）…大さじ2〜2.5
- つぐねいも…300g
- 卵…1個
- ご飯…適量
- のり…少々

<つくり方>

1 水を鍋に入れ、煮干し、昆布を入れ、1〜2時間後に火をつける。沸騰直前に昆布をとり出す。さらに5〜10分煮て煮干しをとり出す。味噌を入れ火を止める。普段の味噌汁より少し濃い味に仕上げる。

2 味噌汁をつくっている間につぐねいもの皮をむく。すり鉢を用意し、おろし金ですり鉢にすりおろす。卵を加えすりこぎでよく混ぜる。

3 熱々のできたての1を少しずつすり鉢に加え、すりこぎでいも汁となじませる。

4 どんぶりにご飯を入れ、いも汁をたっぷりかけて、仕上げにせん切りにしたのりを散らす。

撮影／高木あつ子

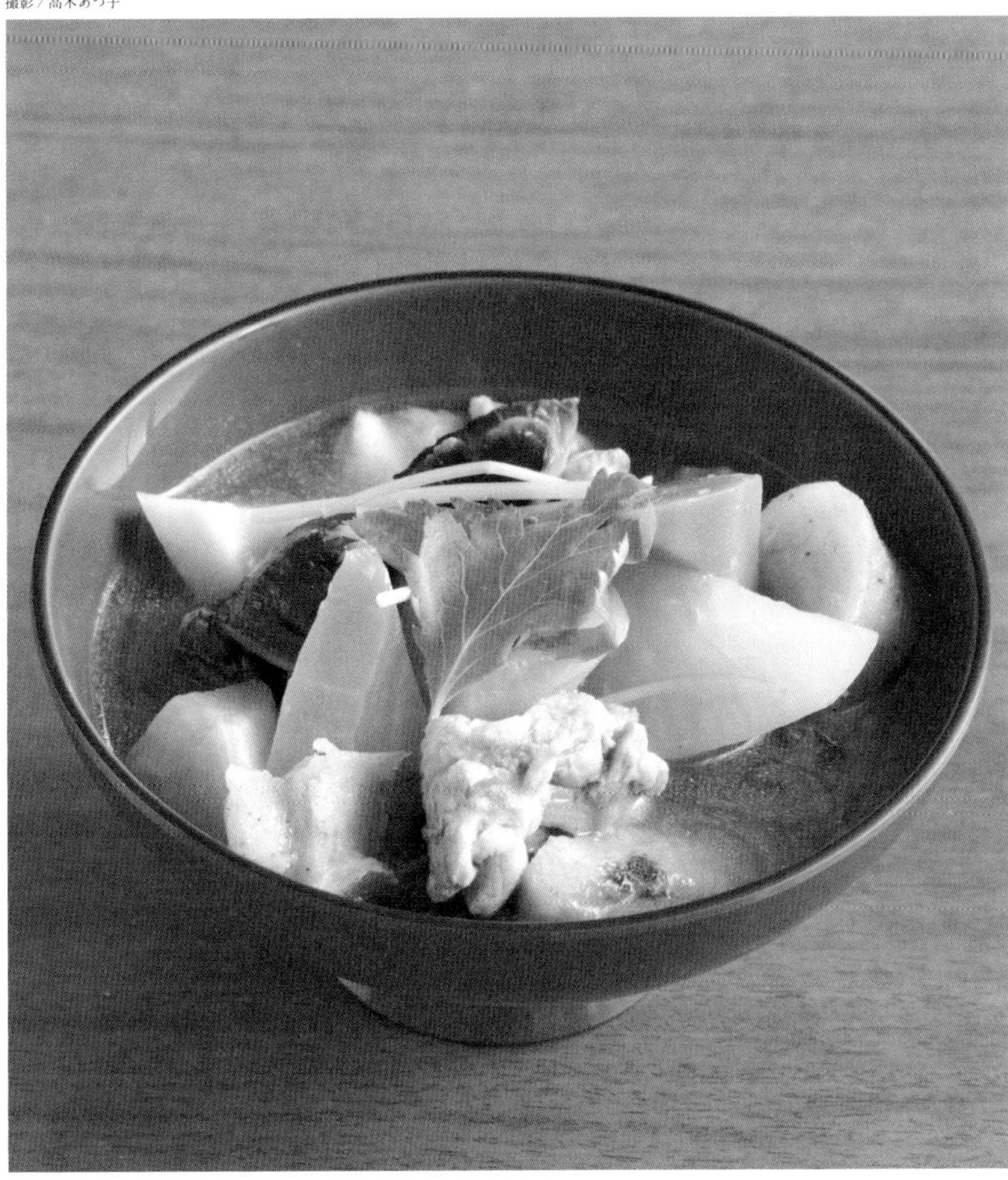

＜材料＞4人分

大根…4cm（160g）
里芋…3個（120g）
ごぼう…20cm（40g）
にんじん…3cm（40g）
れんこん…小1/2個（40g）
干し椎茸…3枚
こんにゃく…1/2枚
油揚げ…1/2枚（12g）
鶏もも肉…120g
塩、酒…少々
油…少々
だし汁（いりこ・昆布）…1.5カップ
砂糖…大さじ1
醤油…大さじ1と1/2
酒…大さじ1
三つ葉、葉ねぎなど…適量

旧暦5月5日のちまき。「馬とばし」の馬のたてがみをイメージした独特の巻き方

＜つくり方＞

1 根菜類と里芋は乱切りにし、こんにゃくはそぎ切りにする。
2 干し椎茸は水で戻し、4等分する。油揚げは熱湯で油抜きをしてから縦半分に切り、1〜2cm幅に切る。
3 1の野菜とこんにゃくを下ゆでしてアク抜きをする。
4 鶏肉を食べやすい大きさに切り、塩少々をふって酒をかける。
5 油をひいて鶏肉を炒め、青み以外の材料とだし汁を加えて煮る。
6 調味料を加えて味を調え、椀に盛り、食べやすく切った三つ葉を添える。

のっぺい
〈広島県〉

県西部の安芸地方では秋になると、五穀豊穣を祝い翌年の豊作を祈る氏神様の祭りが各地域で開催されます。廿日市市地御前地区では昔は10月19日に祭りが行なわれました（現在は10月第2土日）。

地御前地区の氏神様は大歳神社で、祭りにはお面をかぶった「ハナ」が棒を持って子どもたちを追いかけました。この祭りの日に食べるごちそうがのっぺいです。地御前は温暖な気候で野菜を自給する家庭も多く、収穫した根菜類と鶏肉や、家庭によってはあじを入れてたっぷりとつくり、これと山盛りにした角ずしで親戚や知人をもてなしました。

地御前には、対岸の厳島神社の外宮（地御前神社）があり、旧暦の5月5日には御陵衣祭が開催され、地元で「馬とばし」の名で親しまれる流鏑馬が行なわれます。このときはもち米の粉とうるち米の粉を混ぜた生地をくま笹の葉で巻いてちまきをつくり、子どもの成長を祈ります。

協力＝大原俶子、二木裕子、村上良枝
著作委員＝村田美穂子

〈愛媛県〉

いもたき

里芋や根菜類を煮た鍋を大人数で食べる料理で、県中西部の肱川流域の大洲城を中心に発達した城下町・大洲市が発祥といわれています。肱川はひとたび豪雨にあうと氾濫しやすく稲作には向かない土地でした。そこで洪水で運ばれた肥沃な土で育つ根菜や里芋などが栽培され、今はごぼうや里芋の産地です。

大洲では、江戸時代から農作業の節目に、お籠もりという行事があり、夏いも（新しい里芋）と野菜を肱川の河原に持ち寄り、鍋を食べながら親睦を深めたのが始まりといわれています。ススキを飾り虫の音を聞きながら澄みきった星空を眺め、冨士山の稜線から月の出を待ついもたきは、野外でなくては味わえない情緒たっぷりの行事です。県下に広がりましたが、昭和30年頃に食の洋風化や核家族化で一度は廃れました。その後、昭和41年に市が観光事業化したのを皮切りに各地で復活し、初秋の風物詩になってきました。

協力＝井上葉子
著作委員＝宇高順子

撮影／五十嵐公

＜材料＞4人分

里芋…900g（正味600g）
鶏もも肉…200g
油揚げ…2枚（90g）
干し椎茸…3枚
こんにゃく…1枚（250g）
干し椎茸の戻し汁と水…1ℓ
はすいも…1/3本（45g）
A
- 酒…小さじ2
- 砂糖…大さじ1と1/3
- うす口醤油…1/4カップ
- みりん…大さじ1と1/3

里芋は粘質系早生（わせ）品種の女早生や石川早生を使い、夏いもと呼ぶ。この2品種が小ぶりでよい。はすいもは最後に入れると、しゃきしゃき感が残り、薄黄緑色で美しい

＜つくり方＞

1 里芋は皮をむき、大きいものは半分に切る。熱湯で軽くゆで、水洗いをしてぬめりをとる。
2 鶏肉はひと口大（3×4cm）のぶつ切りにする。
3 油揚げは三角（1枚を4つ）に切る。
4 干し椎茸は水で戻し、1枚を4つ程度の大きめのぶつ切りにする。戻し汁はだしで使う。
5 こんにゃくは熱湯でゆでてアクを抜く。厚みを半分にし、表面に切りこみを入れて味がしみこみやすいようにした後、三角に切る（1枚を12等分・24個）。玉じゃくしでちぎるように切ってもよい。
6 はすいもは皮をはぎ、大きめのささがきにして水にさらす。
7 鍋に椎茸の戻し汁と水を入れて少し温まったら、鶏肉、椎茸、こんにゃくを加えて煮立ててアクをとり、里芋と油揚げを加え、Aで味をつけて煮こむ。できあがる少し前に、はすいもを加えて煮る。

◎干し椎茸は、生椎茸でもよい。ごぼうやにんじん、白玉団子を入れることもある。昔は肱川でとれたアユ、ハヤ、カジカを焼いて乾燥させ、だし用に用いていた。具は、四国中央市では白菜、しめじ、イカ、うどんなど、西条市ではトリガイなど、地域の食材を合わせる。

撮影／戸倉江里

＜材料＞4人分

自然薯*…200g
鶏肉…100g
ごぼう…1/4本（80g）
にんじん…1/5本（20g）
里芋…中1個（100g）
干し椎茸…1〜2枚（20g）
小ねぎ…1本（20g）
うす口醤油…大さじ2弱（35mℓ）
水…3カップ
油…小さじ1強（5g）

*なければつくねいもなど、粘りの強い山芋を使う。

＜つくり方＞

1 ごぼうはささがきにして水にさらしてアクをとる。にんじんと里芋はいちょう切りにし、椎茸は戻して薄切りにする。
2 自然薯の皮をむき、おろし金でする。
3 鶏肉はこま切れにする。鍋に油をひき、肉を入れて炒める。水を加えて出てきたアクをとる。
4 1を入れて煮る。やわらかくなったら醤油を入れる。
5 2を大きめのスプーンですくって入れる。小口切りにしたねぎを入れ、ひと煮立ちしたら火を止める。

〈大分県〉

おとし汁

すりおろした自然薯(じねんじょ)を落とし入れた汁です。自然薯は山や雑木林、やぶに自生するつる性の植物。地下深くにできるいもは粘りが強いのが特徴で、温めた汁に入れるとだんごのようにかたまります。栽培種の長芋は粘りが弱いため、同じようにはつくれないといいます。

県中央部の山あいにある旧野津(のつ)原町(はるまち)では、かつては10月頃になると自然薯掘り専用の金属の棒「フクシ」を持って山や山林へ行きました。秋になると自然薯の葉が落ちてしまうため、あらかじめ葉のある初秋に探しに行き、目印をつけておくそうです。根元から40〜50cm掘っていもがとれたら、卵を産まなくなった家の鶏をつぶし、一緒に汁に入れました。食べるとふわふわとした食感で、口の中にいものやさしい甘味と鶏の旨みが広がります。野津原は標高が高く冬場は冷え込みますが、おとし汁を飲むと体が温まりました。米があまりないときは、すいとんのようにおとし汁だけで一食をすませることもありました。

協力＝後藤タケコ
著作委員＝立松洋子

〈沖縄県〉

ムジの汁

里芋の仲間の田芋は、子いもがたくさんつくので子孫繁栄の意味があります。そのため子どもの誕生や成長に関わるお祝いによく田芋の料理が出されます。「ムジ汁」はその田芋のずいき（葉柄）を無駄なく利用する汁で、かつおだしのうま味、いもと味噌のとろみが豆腐や豚肉とよく合い、ムジはとろけるようにやわらかく滋養のある料理です。出産祝いや誕生祝いの際に、大鍋でたくさんつくられ、お祝いに来てくれた近所の方にもふるまわれたそうです。

ムジにはシュウ酸カルシウムが含まれていて、触れるとかゆくなります。ある家庭では、ムジの扱いに慣れた曽祖父がムジの担当と決まっていて、家族でムジの汁をつくっていたといいます。また、ムジがないときは、キャベツで代用することもあったそうです。沖縄本島の北部では金武(きん)町、中部では宜野湾市大山、南部では糸満市などの田芋が有名です。田芋は近年ではパイやケーキなどの菓子類にも利用されるようになってきました。

協力＝浦崎米子、松田トヨ、山内米子
著作委員＝大城まみ、名嘉裕子、我那覇ゆりか

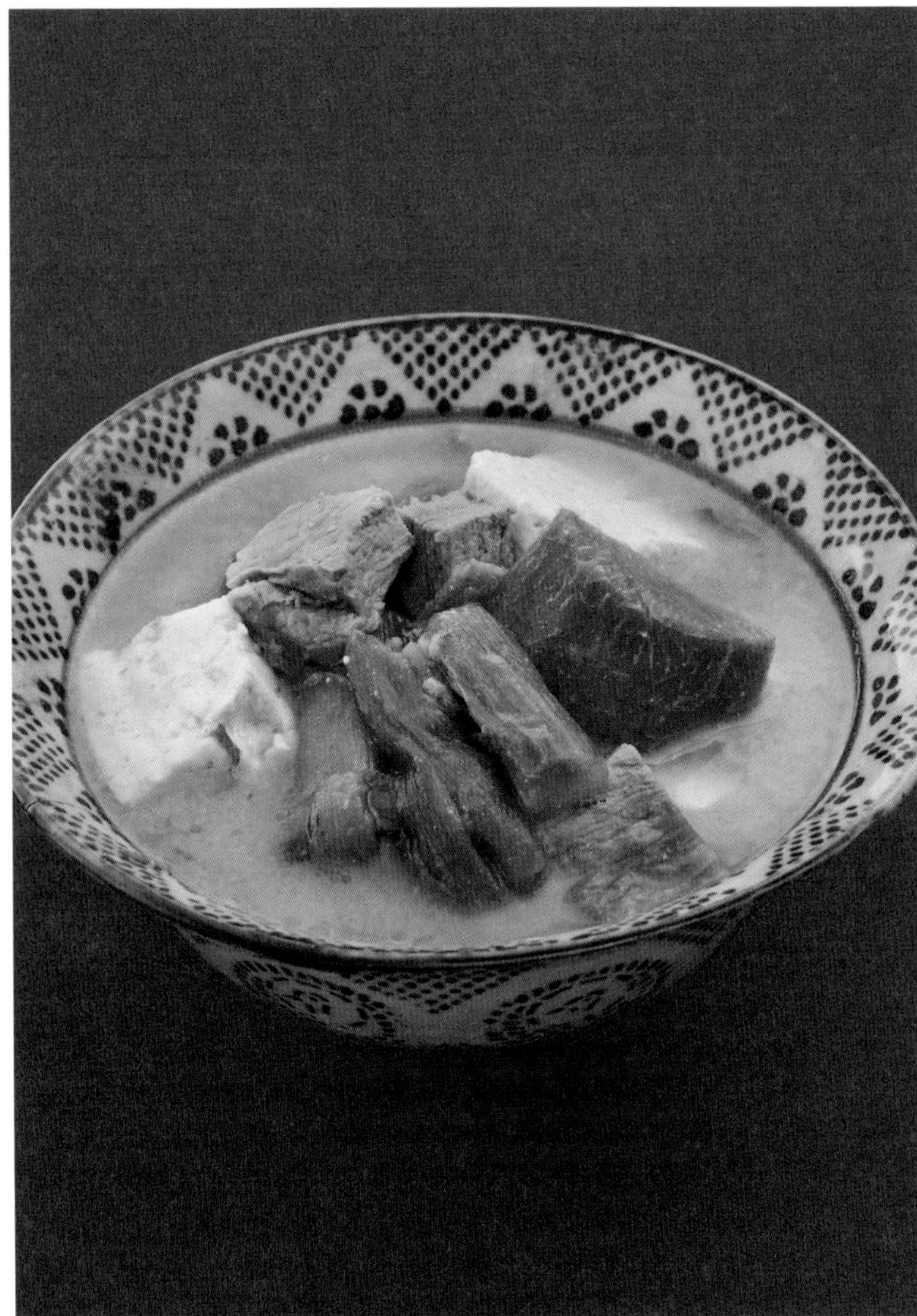

撮影／長野陽一

<材料>4人分

ムジ（田芋のずいき）…250g
豚肩ロース肉…150g
島豆腐（沖縄豆腐）*…200g
豚だし（豚肉のゆで汁）…3カップ
だし汁（かつお節）…3カップ
白味噌…150g

*他県の一般的な豆腐よりかたく、塩分を含んでいる。

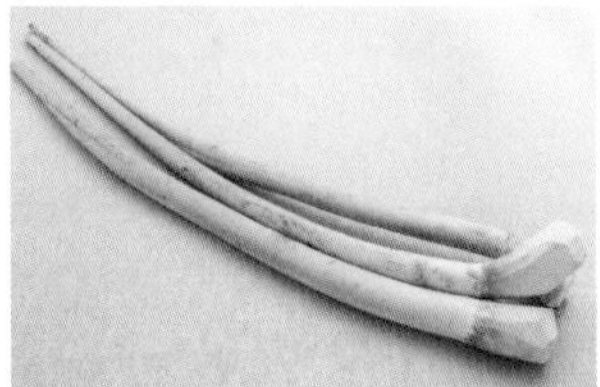

ムジ（田芋のずいき）

<つくり方>

1 ムジは根元の小いもを切りとり、筋をとり3cmの長さに切る。水につけアクを抜く。小いもはひと口大に切る。まずいもをゆで、後からムジを加え、どちらもさわってつぶれるくらいまでゆでる。
2 豚肉はかぶるくらいの水でゆで、厚めの短冊に切る（ゆで汁は豚だしとして使う）。
3 鍋に豚だしとだし汁を入れ煮立て、ムジ、小芋、豚肉を入れ味噌の半量を加える。
4 厚めの短冊に切った豆腐を入れて、残りの味噌を調整しながら入れる。

◎ムジは素手で扱うとかゆくなるのでポリ手袋等を使用すること。

大豆と肉の汁

大豆の汁は食べごたえがあります。すりつぶして呉汁にしたり、豆腐や打ち豆、納豆でも汁をつくりました。くじらや牛、豚、鶏、山羊などの肉は、少し使っても風味とうま味が増します。たくさんつくって大勢で食べるごちそうになりました。

呉汁〈福井県〉

生の大豆をすり鉢でクリーミーになるまですった呉を味噌汁に入れると、ぶくぶくと泡立ちます。吹きこぼれる寸前のふわっとした状態が食べどきで、ふわふわの舌ざわりに濃厚な大豆のうま味とだしや味噌の風味が合わさり、滋養に満ちた味がします。結婚式、葬式、法事などのごちそうでした。

この呉汁は嶺北（県北部）の内陸部、日本海と奥越の山々の中間あたりに位置する戦国大名の朝倉氏の遺跡がある一乗谷周辺のものです。嶺北では、この他にも各地でさまざまな呉汁が食べられています。

内陸の奥越地域や、岐阜県と接する池田町では「豆汁」といい、煮た大豆をすった汁に味噌で味つけをします。福井市殿下では「呉汁」といい、大豆の粉をお湯に入れて味噌で味つけをします。里芋や油揚げなどの具が入り、あまりかき混ぜないそうです。呉汁とは異なりますが、鯖江市では納豆をすりつぶして味噌汁にする「納豆汁」をつくります。

協力＝一乗ふるさと料理クラブ（高木すみ子）
著作委員＝佐藤真実、谷洋子

＜材料＞4人分

大豆…1/3カップ（約50g）
味噌*…大さじ2と2/3
だし汁（昆布とかつお節）…3カップ
長ねぎの緑の部分…少々

*できあがりがきれいなので、麹の粒が見える粒味噌ではなく、粒が見えないすり味噌で、色が薄いものを使っている。

＜つくり方＞

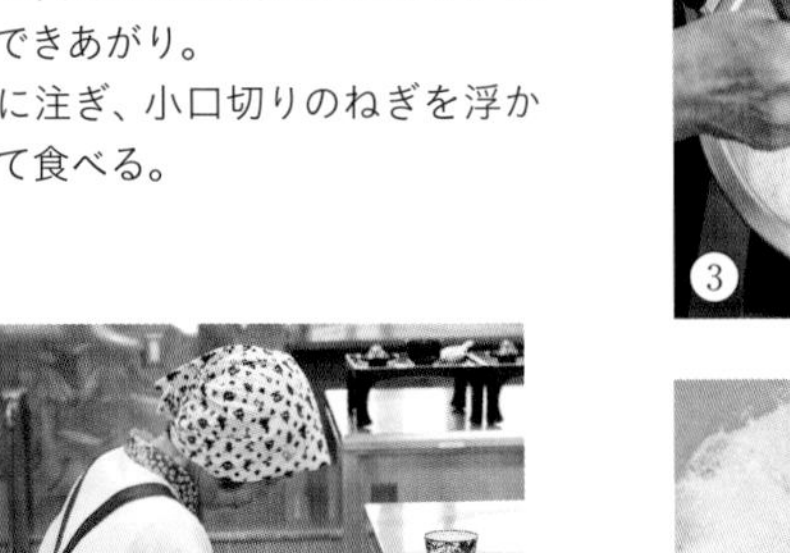

1 大豆は洗って、二晩ほど水につけておく（水が濁りそうになったらとり替える）。
2 大豆は水きりし、水少々（分量外）を加えながらクリーミーになめらかになるまですり鉢でよくする（写真①）。
3 大きめの鍋にだし汁と味噌で味噌汁をつくる。**2**を加え（写真②）、ヘラなどで混ぜながら強火で煮る（写真③）。やがて大きく泡立ち吹き上がってくる（写真④）。泡立ったらかき混ぜ、また泡立ったらかき混ぜを3回ほどくり返す。味見して、大豆の生臭さがとれていたらできあがり。
4 器に注ぎ、小口切りのねぎを浮かせて食べる。

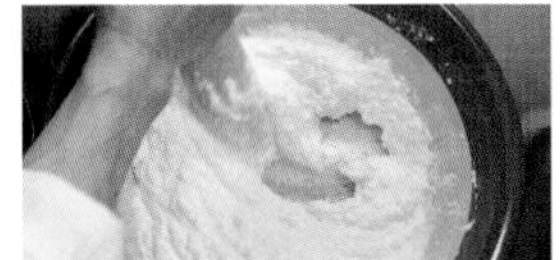
①

②

③

④

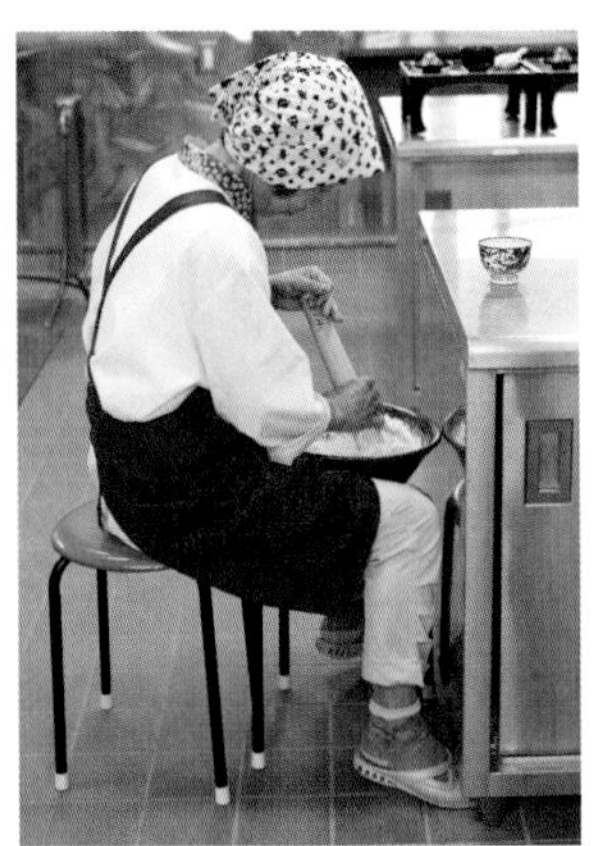

すり鉢は下に布巾を敷き両足でしっかりはさみ、壁などにあてて動かないようにしてする

撮影／長野陽一

呉汁

〈岡山県〉

大豆をすりつぶした呉を、具だくさんの味噌汁の中にだんごのように落としていきます。つなぎは入っていないので、煮えながら徐々に崩れていきますが、食べごたえのある汁になります。県北は黒大豆の名産地で、黒大豆をすりつぶして味噌汁に入れる呉汁は、風味のよい懐かしい味です。

黒大豆は畑で育てますが、田んぼの畔(あぜ)では普通の大豆や小豆を育てていました。田んぼの水もれを防ぐために、畔にねばした(どろどろにした)土を鍬(くわ)で塗りつけます。土をねばすのは牛の仕事、その土を塗るのが人間の仕事でした。田植えが終わった7月上旬頃、畔にざる棒(担ぎ棒)で穴をあけ、その穴に豆を2個落とし、もみがらをかけて回るのが、子どもや女性の大事な仕事でした。秋、まだ7分か8分目の若い豆を収穫すると、やわらかくて水にひたす時間も短くてすりつぶしやすく、風味のよい呉汁ができます。とれたてを食べられる農家の贅沢です。

協力＝重松勝江
著作委員＝藤堂雅恵、藤井わか子

＜材料＞4人分

黒大豆…50g
ぶなしめじ…30g
油揚げ…20g
大根…15g
にんじん…15g
ごぼう…15g
青ねぎ(または春菊、ほうれん草)…少々
だし汁(昆布といりぼし(煮干し))…3カップ
赤味噌(米味噌)…25g

＜つくり方＞

1 黒大豆はたっぷりの水に約8時間つける。戻し汁は100〜150mℓほどとっておく。
2 戻した黒大豆を包丁でできるだけ細かく刻む(写真①)。すり鉢に入れ、大豆の戻し汁大さじ1を入れてよくよくすりつぶす。様子を見ながら戻し汁を足してやわらかく、やや粒が残る程度にする(写真②)。
3 しめじは石づきをとる。油揚げ、大根、にんじんはせん切りにする。ごぼうはそぎ切りにして水にさらしアクをとる。ねぎは小口切りにする。
4 鍋にだし汁を煮立て、3(ねぎ以外)を入れる。沸騰して材料がやわらかくなったら、味噌を加える。普通の味噌汁よりも濃いめにつくる。
5 火にかけたまま、沸騰した汁に2の黒大豆をスプーンで1杯ずつすくって入れる(写真③)。
6 軽く混ぜて蓋をし、少し煮る。黒大豆に火が通ればできあがり。
7 器に盛り、ねぎを散らす。

◎青ねぎの代わりにほうれん草を使う場合は、生で2〜3cm長さに切って入れる。冬のほうれん草は甘味があって、おいしい。

①

②

③

撮影／長野陽一

〈岐阜県〉

すったて

「すったて」の語源はすりたて。すりたての大豆を食べる呉汁で、時間がたつとおいしくなくなります。大豆の香りを楽しむために、すった豆を加熱するときには決して煮やさない（沸騰させない）ことが大事です。

豪雪地帯である合掌造りの里・白川郷の冬に、除雪作業の後などに体を温めるのには欠かせません。とても濃厚で飲みごたえのある汁です。すったては「飲む」といいます。

大豆以外には具は一切入りません。シンプルだからこそ何杯でも飲みたくなります。少し目先を変える薬味としては、一味唐辛子が好まれています。わさびや七味唐辛子、ゆずこしょうなどで楽しむ人もいます。

地元ではすったての素が販売されていて、だし汁に加えるだけでできあがりです。また近年ではご当地グルメとして、すったて汁をアレンジした飛騨牛や野菜入りの「すったて鍋」も考案されていますが、シンプルな汁にも飽きのこない魅力があります。

協力＝佐藤直子　著作委員＝堀光代

撮影／長野陽一

<材料>4〜5人分

大豆…1合
だし汁（昆布とかつお節）*
…約3カップ
うす口醤油…大さじ1〜1.5
地味噌**…小さじ1程度

*昆布10cm角2枚、かつお節10g程度でつくる。
**2〜3年寝かせてから使う淡色系で辛口の米味噌。

<つくり方>

1 大豆を4〜5倍の水に6〜8時間程度つけて吸水させる。
2 1をそのまま、火にかける。泡が出てきたら、弱火にして煮る。大豆の香りを楽しむ汁なので、決して煮立たせないようにする。
3 アクが出てきたら火を止める。大豆の風味を損なわないよう、豆は半生の状態でよい。
4 煮汁の入った鍋が手で触れてみて熱くない程度に冷めたら、豆をとり出しミキサーにかける。煮汁も適宜加え、きめ細かくなめらかにする。
5 別の鍋にだし汁を温め、醤油と味噌を加えた汁をつくる。
6 5を弱火にかけたまま、4の大豆を煮立たせないように少しずつ加え、好みの濃度に仕上げる。
7 椀に盛る。好みで一味唐辛子を加えてもよい。

撮影／五十嵐公

<材料>5人分

大豆…25g
にんじん…1/3本（50g）
油揚げ（うす揚げ）…1枚
白菜…2枚
味噌（淡色系辛口）
　…大さじ3と1/2
だし汁
┌水…1100㎖
└かつお節、昆布…各20g
青ねぎ…1本（10g）

<つくり方>

1　大豆を一晩水につけて戻す。
2　にんじん、油揚げは約2.5㎝長さの細切りにする。
3　白菜は小さめのざく切りにする。
4　1の大豆は1カップの水（分量外）とともにミキサーにかける。
5　だし汁をとる。にんじん、油揚げ、白菜を加えて煮る。
6　やわらかくなったら味噌を入れる。煮上がったところに4の呉を入れ、弱火でふきこぼれないように時々混ぜながら、呉に火が通る（豆臭さがなくなる）まで煮る。小口切りにした青ねぎを散らす。

呉汁
〈鳥取県〉

大豆は「あぜ豆」といい、以前はどこの家でも田んぼの畔（あぜ）に植えている身近な食材でした。栄養も豊富なため、鳥取の食卓では大豆や豆腐などの大豆製品が頻繁に登場します。中でも水で戻した大豆をすった「呉」を入れた呉汁は、豆腐のように大がかりな道具を使わず少量の大豆でできるので、冬、各家庭でよくつくられていました。

最近では大豆をミキサーにかけて呉をつくりますが、昔はすり鉢ですっており、子どもの仕事と決まっていました。普通の味噌汁に比べて手間はかかりますが、呉が入ることにより豆の甘味が味わえるうえ、冷めにくくなります。寒い時期に呉汁をいただくと体が温まり、ほっとします。

具には白菜や千六本にした大根、ささがきごぼうなどそのときある冬野菜を入れます。東部の山間部の八頭（やず）地域では、今もよく呉汁がつくられており、学校給食でも食べられる郷土の味です。大豆をゆでてからすった呉を豆腐の代わりに和えものに使うこともあります。

協力＝JA鳥取中央女性会関金支部
著作委員＝松島文子、板倉一枝

呉汁〈佐賀県〉

県西部の山内町（現武雄市）は山間部の農山村で、棚田や段々畑でとれる米や野菜をリヤカーに積んで、隣接する焼き物の町・有田で行商する人が多くいました。海の魚介類は自転車でやってくる行商や、6月と9月のくんちの際に立つ市で買うくらいで、よけうち（土をよせて川を干して収穫する）の川魚や貝類の利用がさかんでした。そんな食生活の中で大豆は自給できる貴重なたんぱく質源で、呉汁は日常食として一年を通して食べていました。夜、大豆を水につけておけば、翌朝すぐにすりつぶして朝食の汁ができたのです。

具は何を入れてもいいので、季節の野菜を入れて具だくさんにすることもあれば、呉だけの汁で食べることもありました。天ぷらを揚げたあとの「煮油」を数滴加えると味が深まったそうです。

呉汁は県内各地で食べられてきました。県東部の神埼市ではとくにお斎の御膳としてお別れの食事に出され、具材は厚揚げ、こんにゃく、にんじんなどでした。

協力＝稲田則子、松尾宣子、杉原美津江、永田むつ子　著作委員＝西岡征子

撮影／戸倉江里

＜材料＞ 4人分

大豆…160g
ごぼう…1/3本（60g）
長ねぎ…20cm（20g）
味噌…大さじ3弱（50g）
だし汁（煮干し）…3カップ

＜つくり方＞

1 大豆は一晩水につけておく。
2 ごぼうはささがきにし、水につけてアクを抜く。ねぎは小口切りにし、水にさらす。
3 1の大豆の水けをきり、すり鉢でするかフードプロセッサーにかける。
4 だし汁に2と3を入れ火にかけ、かき混ぜながら大豆とごぼうに火が通るまで加熱する。吹きこぼれないように注意する。
5 味をみながら、味噌を溶き入れる。
6 5を器に盛り、ねぎを散らす。

＜材料＞5人分

大豆…1/2カップ
干し椎茸…2枚
干し椎茸の戻し汁…1カップ
だし汁
- 煮干し…30g
- 昆布…10cm角
- 水…4カップ

南関あげ…1/2〜1枚
にんじん…1/2本
豆腐（絹ごし）…1/2丁
味噌…65〜75g
小ねぎ…1本

＜つくり方＞

1 大豆は一晩水につける。
2 干し椎茸を水で戻す。煮干しと昆布でだし汁をとり、干し椎茸の戻し汁と合わせて鍋に入れる。
3 大豆の水をきり、水1カップ（分量外）と一緒にミキサーに入れてかけ、小さく砕く（またはすり鉢でする）。
4 椎茸は細くせん切りに、南関あげは細くせん切りに、にんじんはささがきに、豆腐は1cmのさいの目切りにする。
5 **2**に**3**と**4**を入れて火にかける。最初は強火で沸騰したら中火から弱火にし、そのまま2分程度煮る。
6 味噌を溶き、火を止める。器に盛り、小口切りしたねぎを入れる。

南関あげ。水分を減らしてから揚げてあるので長期保存できる

撮影／戸倉江里

〈熊本県〉

呉汁

ふやかした大豆をすりつぶし、味噌汁に入れた素朴な味わいの汁です。かつて、年貢の取り立てで米が十分に食べられなかった時代に、空腹を満たす料理としてつくられるようになったともいわれています。県内各地で食べられており、秋から春にかけての日常の食卓に欠かせない料理です。以前は仏事や法事などの行事食としてもつくられ、現在も冬場、寺の食事に出されています。

できたての呉汁はぷつぷつとした舌ざわりが楽しく、豆のほんのりとした甘味とコクが感じられます。野菜だけの味噌汁に比べ、冷めにくく、体が温まるのも呉汁のよいところ。今ではフードプロセッサーを使って呉をつくる人が多いですが、すり鉢で軽くすりつぶしたほうが食感が残っておいしいという人もいます。他にも、その年の秋にとれた大豆を使うとよい、米味噌と麦味噌を両方入れるとおいしい、米麹と麦麹を1：1で入れた味噌を使うとおいしいなど、家々でこだわりがあります。

協力＝片山カツ子
著作委員＝柴田文

〈宮崎県〉
落花生の呉汁

呉汁というと大豆でつくるのが一般的ですが、日向灘寄りの都農町や川南町の一部、北西部の椎葉村では落花生を使います。稲のとり入れは落花生の収穫時期と重なります。椎葉村では寒い時期の稲刈りの「かてーり(結・共同作業)」のねぎらいに、とれたばかりの新豆で呉汁をつくりふるまいました。

火山灰土壌の宮崎県では、落花生は苦土石灰(土壌の酸性を中和する土壌改良資材)を施す程度でできるので昔から栽培されてきました。掘り上げた落花生は畑で1週間から10日ほど干した後、実をちぎって洗い、ゴザの上で4〜5日天日に干します。豆を振ってみて音がすれば干し上がりです。殻のまま保存しますが、冬の農閑期に殻からとり出し、薄皮にしてポリ袋や缶に保存して使いました。

秋に収穫した落花生で田植え時期や家族の帰省時などにもつくりましたが、新豆でつくる方が香りやコクがありおいしかったそうです。落花生でつくる煮豆や落花生豆腐も懐かしい宮崎の味です。

協力＝椎葉千保、椎葉フヂノ、田中洋子
著作委員＝長野宏子、篠原久枝

撮影／高木あつ子

<材料>4人分

生落花生*…200g
だし汁(いりこ)…3カップ
大根…70〜80g
にんじん…70〜80g
油揚げ…1/2枚
豆腐…1/2丁(150g)
麦味噌…大さじ3
小ねぎ…2本

*炒っていない乾燥落花生。

<つくり方>

1 生落花生は洗って一晩水につけ、薄皮をむく。
2 1の水けをきり、まな板の上で細かく刻み、すり鉢で少し粒が残る程度まですする。
3 大根はいちょう切り、にんじんは半月切り、油揚げはせん切りにする。豆腐はさいの目切りにする。
4 鍋に2とだし汁を入れて火にかけ、沸騰したら水を約1/4カップ(分量外)をさす。これを2〜3回繰り返し、吹きこぼれを防ぎ、豆に火を通す。アクが出ればとり除く。
5 3の材料を加え、野菜がやわらかくなったら味噌を溶き入れる。再び煮立ったら火を消し、小口切りにした小ねぎを散らし、器に盛る。

◎落花生は冷やしただし汁と一緒にミキサーにかけてもよい。このときは薄皮をむかなくてもよい。

けんちん汁

〈神奈川県〉

根菜と豆腐でつくるけんちん汁は各地で食べられますが、もともとは鎌倉市にある建長寺の開山大覚禅師が鎌倉時代に中国から伝えたとされ、食材を無駄なくいただく精進料理の原点を象徴する汁ものです。これが修行を終えた僧たちによって全国に広まりました。

現在も建長寺では残りものの野菜を刻んで油で炒め、だしは昆布と干し椎茸、味つけは醤油が基本です。修業僧があやまって落とした豆腐を禅師が拾って調理中の汁に入れたという逸話から、豆腐はくずして加えます。精進料理なのでにおいの強いねぎは使いません。

鎌倉市の家庭でもねぎはほとんど使いませんが、県北西部の秦野市や伊勢原市では入れるそうです。豆腐はどこでもくずして最後に加えます。寒くなり里芋や根の野菜がおいしくなると普段の夕食につくりますが、丹沢山地に近い津久井では暮れに大鍋でつくり雑煮にしたり、けんちんうどんで食べるそうです。ここでは秦野のつくり方を紹介します。

協力＝斉藤マサ子、山田洋子
著作委員＝河野一世、津田淑江

撮影／五十嵐公

＜材料＞ 4人分

大根…1/2本
里芋…4〜5個
にんじん…1/2本
ごぼう…1/2本
長ねぎ…1/2本
干し椎茸…2〜3枚
こんにゃく…1/2枚
豆腐…1/2丁
油…少々
だし汁（かつお節）…1ℓ
醤油……適量

＜つくり方＞

1 大根はいちょう切り、里芋は皮をむいて適当な大きさに切る。
2 にんじんはいちょう切り、ごぼうはささがきか斜め薄切りにする。ねぎは斜め薄切りにする。
3 干し椎茸は戻してせん切りにする。
4 こんにゃくは湯通しして、薄めの短冊に切る。
5 ねぎと豆腐以外の材料を油でよく炒め、だし汁を加える。
6 材料がやわらかくなったらねぎと豆腐を手でちぎって加え、醤油で味を調える。

◎仕上げにごま油を2〜3滴落とすと風味がよい。

〈愛知県〉

八杯汁（はちはい）

三方を海に囲まれている渥美半島は、大きな川がなく水源に乏しかったため、稲作にはあまり向かず、栽培するのは水不足に強い作物に限られていました。それが昭和43年に豊川用水が開通してからは、さまざまな作物がつくられるようになり、今は日本有数の生産高を誇る農業地帯となっています。八杯汁は冠婚葬祭や節目のときのもてなしとしてつくられました。人数の大小にかかわらずふるまえて、簡単でおいしく、材料も手に入りやすくたくさんできるので、現在でも町内会や親戚の集まりなど人寄せのときには、大鍋でつくります。

名前の由来は、おいしくて8杯食べられるから、豆腐1丁で8杯分できるからなどといわれていますが、定かではありません。昔は豆腐が贅沢品だったので、冠婚葬祭には大きく切った豆腐がメインの「八杯豆腐」という料理がつきものでした。今はあまりつくられなくなり、それを日常食にした感じが八杯汁で、八杯汁を八杯豆腐とも呼んでいます。

協力＝中川美代子、川口惠子、福井佐和子
著作委員＝野田雅子

撮影／五十嵐公

＜材料＞ 4人分

里芋…100g
豆腐…1/2丁
にんじん…100g
さやえんどう…8枚
ちくわ…2本
油揚げ…1枚
水…1ℓ
煮干し…30g
干し椎茸…4枚
醤油…大さじ2と1/2

＜つくり方＞

1 干し椎茸は適量の水で戻し、細切りにする。
2 鍋に、頭と腹わたをとった煮干しと水を入れて火にかけ、アクをとりながら7分ほど煮出す。ザルにペーパータオルを敷いてこす。
3 里芋とにんじんは皮をむいて縦半分に切り、5mm程度の斜め切り、ちくわも斜め切り、油揚げは1cm程度の幅で切る。
4 鍋に**2**のだし汁を入れ、にんじんを煮る。火が通ったら里芋と油揚げ、ちくわ、醤油を半量ほど入れる。醤油を入れると里芋のぬめりが出ない。
5 野菜が煮えたら、豆腐を高さ半分にして手の上で厚さ1cmほどに切り、汁の上にのせて火を通し、残りの醤油で味を調える。豆腐は細かくなりすぎないようにする。
6 さやえんどうは筋をとり塩ゆでにして、椀の中の彩りに添える。

◎椎茸自体から味は出るので、椎茸の戻し汁はだし汁に使わない。

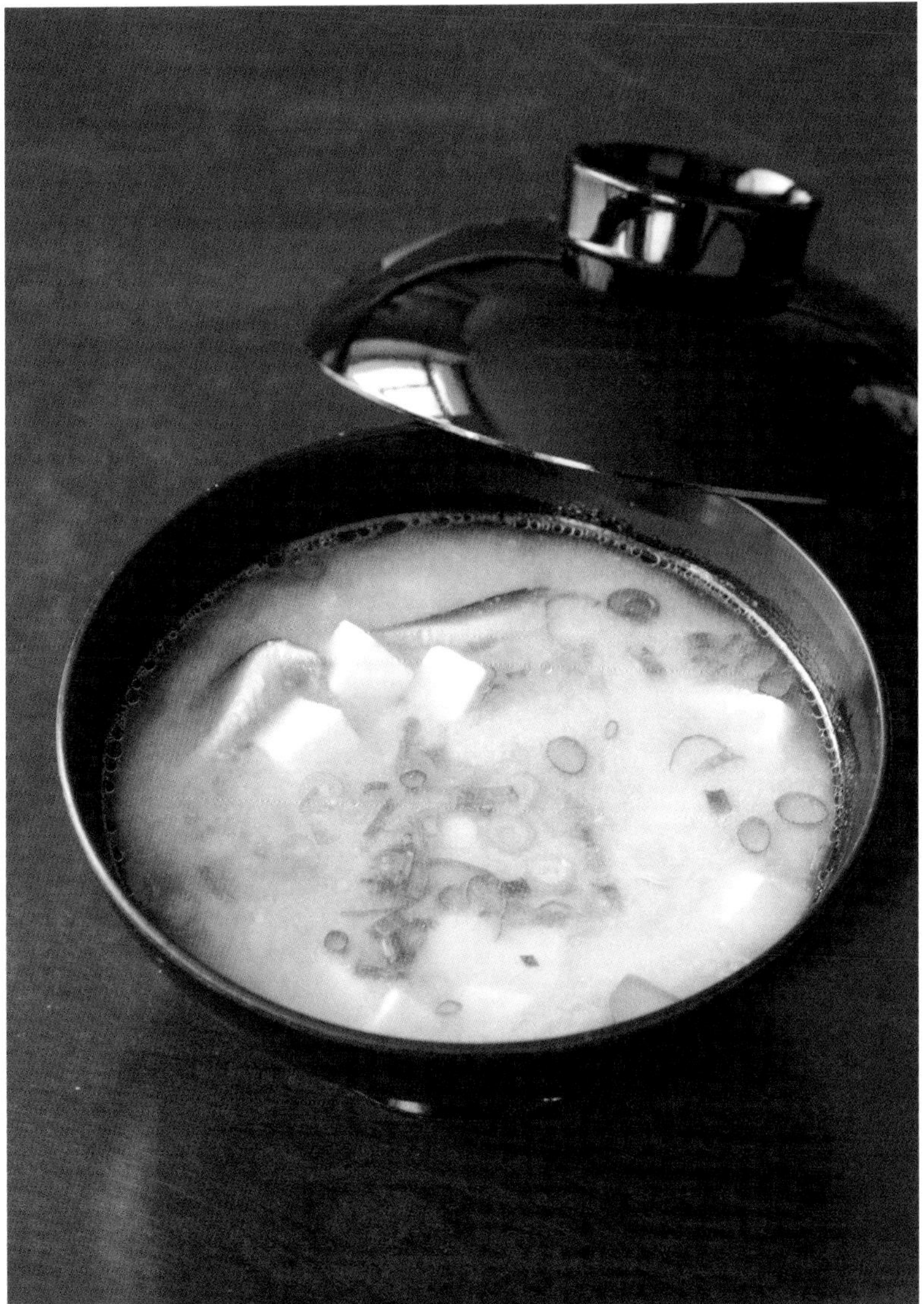

撮影／高木あつ子

＜材料＞ 4人分

- 水…1/2カップ
- 干し椎茸…2個（5g）
- 水…3カップ
- 煮干し…10尾（15g）

油揚げ…2枚（40g）
豆腐…1/3丁（100g）
白味噌…50g
青ねぎ…15g

＜つくり方＞

1. 干し椎茸は前日に水に浸す。
2. 煮干しでだしをとり、1の椎茸の戻し汁と合わせる。
3. 戻した干し椎茸と油揚げはせん切り、豆腐は細かい角切りにする。
4. 2のだし汁を火にかけ、3を入れる。ことことと煮立ったら、白味噌を煮汁で溶きながら加える。少し煮詰めた方がおいしい。
5. 椀によそい、小口切りにした青ねぎを添える。

〈広島県〉

おおじる

おおじるは、葬儀や法事などの不祝儀につくる白味噌の汁です。だしは干し椎茸と煮干しでとり、この組み合わせは不祝儀以外ではつくりません。具は、豆腐に油揚げとねぎの家庭もあれば、揚げを入れない家庭や、においのするねぎは使わずにゆでたほうれん草を入れる家庭もあります。

県東南部の内陸部にある府中市は、奈良・平安時代に備後国（びんごのくに）を治める国府（役所）がおかれ、戦国時代には備後の守護職の居城が築かれるなど地域の政治、経済の中心地として発展してきました。ここで江戸時代からつくられてきたのが白味噌です。麹が多く塩分の少ない甘い白味噌は府中味噌と呼ばれ、これがおおじるで使われます。

白味噌は家でつくるものではなく、昔から買って食べる味噌でした。値段が高いので不祝儀の際のおおじると、わけぎがとれたときのぬたに使うぐらいで、普段は家でつくった赤味噌を食べました。それも以前のことで、現在は日常の料理にも白味噌を使っています。

協力＝信岡マユミ
著作委員＝高橋知佐子、近藤寛子

〈沖縄県〉

ゆし豆腐

ゆし豆腐とは、島豆腐（沖縄豆腐）を型に入れて固める前の、汁けが多い状態の豆腐です。他県で寄せ豆腐、おぼろ豆腐などと呼ばれるものと似ていますが、島豆腐は他県の一般的な豆腐よりかたく、塩分を含んでいるものが多いため、ゆし豆腐も豆腐のおいしさが濃厚で、ほんのり塩味がついた独特のものになっています。口当たりがよく、あっさりしていて質のよいたんぱく質源です。

那覇では毎朝、豆腐屋さんがリヤカーで島豆腐とゆし豆腐を売りに来ていました。チリンチリンとベルの音が聞こえると、近所の人は鍋などの容器を持って行きます。そこへひしゃくですくって入れてくれました。ゆし豆腐はかつお節のだし汁に入れ、汁ものとして食べます。ふかしたいもと一緒に食べることが多かったそうです。味噌味や醤油味が多い地域もあります。また、汁にせず塩や醤油、ねぎやかつお節をかけて食べたりもします。

協力＝大嶺桂子、大嶺文子
著作委員＝大城まみ、森山克子、田原美和

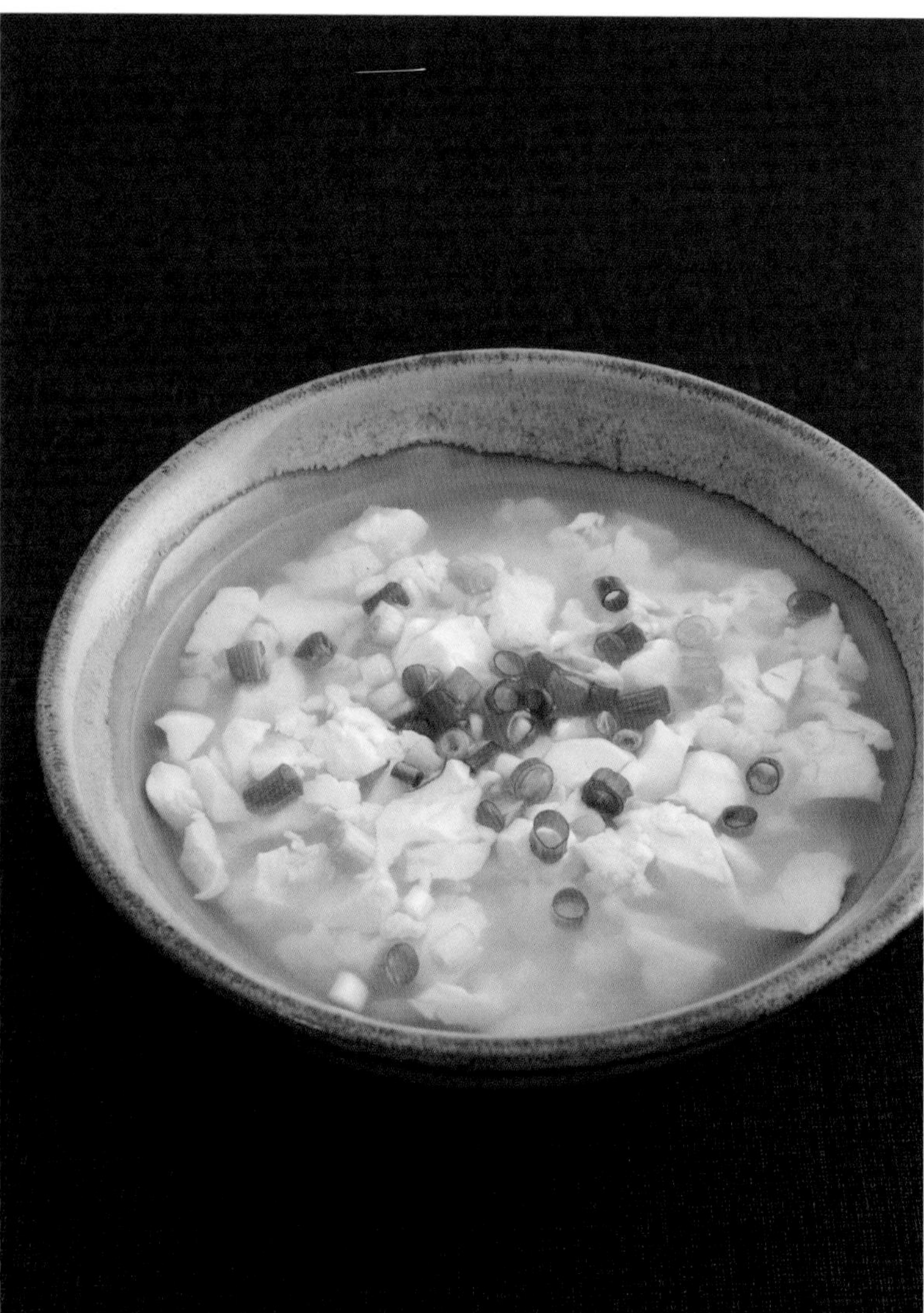

撮影／長野陽一

＜材料＞4人分

ゆし豆腐*…600g
だし汁（かつお節）…4カップ
青ねぎ…適量
塩…3g
醤油…小さじ1/2

*島豆腐（p78参照）を固める前の、汁けが多い状態の寄せ豆腐。

＜つくり方＞

1 鍋にだし汁を煮立て、ゆし豆腐を入れひと煮立ちしたら塩、醤油で味を調える。
2 器に入れ、小口に切ったねぎを散らす。

<材料> 4人分

大豆…40g
里芋…50g
かぶ…50g
油揚げ…20g
干しずいき…4g
豆腐…1/2丁（100g）
万能ねぎ…5g
だし汁
- 煮干し…20g
- 水…850mℓ

味噌…60g

<つくり方>

1 打ち豆をつくる。半日水に漬けた大豆を蒸し器で20分間蒸し、弾力が出たら木づちで打ってつぶす（写真①）。

2 里芋とかぶは皮をむいて薄切り、油揚げは熱湯をかけて細切りにする。干しずいきは水につけてアク抜きと吸水をさせたあと、よくしぼって3cmの長さに切る。豆腐は角切りにし、ねぎは小口切りにする。

3 だし汁を火にかけ沸騰したら、1の打ち豆と味噌の半量を入れてやわらかくなるまで煮る。打ち豆は沸騰しただし汁に入れないと大豆が丸く戻ることがあるので注意する。

4 里芋、かぶ、油揚げ、ずいきを加えてさらに煮る。

5 里芋とかぶがやわらかくなったら豆腐と残りの味噌を入れ、ひと煮立ちしたら火を止め、小口切りにしたねぎを散らす。

撮影／長野陽一

①

打ち豆汁

〈滋賀県〉

打ち豆は、大豆を吸水させてから蒸し、それを木づちで打ったものです。冬場、雪に閉ざされる湖北地方では、大豆は貴重なたんぱく質源。各家庭で打ち豆をつくり、汁に入れていました。たたいて平たくした豆は、だしが出やすく火が通りやすくなるので、煮る時間や薪の節約にもなりました。大根、里芋、かぶやかぼちゃなど、家でとれた野菜に豆の旨みや甘味がしみておいしく、体も心も温まります。かつては大家族だったため、一度に大きな鍋でたくさんの打ち豆汁をつくり、何度も温め直しながら食べていました。日常的に食べるだけでなく、報恩講や各種のお講の食事にも出されます。

打ち豆をつくるのは子どもやお年寄りの仕事でした。一粒ずつ、まな板の上で木づちで豆を打つのはなかなか根気が要りましたが、学校から帰った子どもは打ち豆づくりが終わらないと遊びに行けなかったそうです。最近では家でつくることが少なくなり、乾燥した打ち豆を買う人が増えています。

協力＝鵜鶴由美子、小島朝子、榎和子
著作委員＝中平真由巳

〈秋田県〉
納豆汁

納豆汁は秋田県の郷土料理ですが、とくに納豆発祥の地といわれる県南でよく食べられています。冬の野菜のとれない時期に、塩蔵したきのこやわらびを塩出しして豆腐、里芋、油揚げ、せり、ねぎなど具だくさんにして熱々をいただきます。それぞれ家によって入れる具も少々異なり、ふきを入れることもあるようです。

納豆はすり鉢で時間をかけてすりつぶしますので、毎日の食卓には上らず、正月や人寄せのときにつくる家庭が多いようです。現在は長い冬に塩蔵品でつくるだけでなく、季節に関係なくお盆でも食べるといいます。冠婚葬祭などでは、まかない料理として大鍋でつくられています。

最近は納豆汁の素がスーパーで売られるようになっていますが、粒納豆をすり鉢ですってつくる納豆汁とは味が違います。手間暇かけてつくった納豆汁は格別おいしく感じます。この汁のおいしさを生かし、納豆ラーメンとして売り出しているラーメン屋さんもあります。

協力＝佐藤圭子　著作委員＝山田節子

撮影／高木あつ子

<材料> 4人分

納豆…100g
味噌*…60g
塩抜きしたきのこ**…70g
塩抜きしたわらび**…40g
里芋…200g
油揚げ…30g
豆腐…80g
せり…7g
長ねぎ…7g
だし汁（煮干し）…600mℓ

*麹の量が多い甘口の米味噌が使われる。豆1升に麹3升と、豆に対し30割なので、三十麹と呼ばれる。

**きのこは秋に、わらびは春にとっておき、塩漬けしておく。水をとり替えながら、2日間ほど水につけて塩を抜く。塩蔵きのこがない場合はなめこで代用する。

<つくり方>

1 わらびは1cm長さに、豆腐、油揚げは1cmのさいの目に切る。
2 里芋は1cmのさいの目に切る。
3 だし汁を火にかけ、里芋を入れてやわらかくなるまで煮る。
4 3の鍋にわらび、きのこ、油揚げを入れて煮て、味噌を溶き入れる。
5 納豆はすり鉢ですりつぶし、4の汁を少し入れて納豆がとろとろになるまでよくすりつぶす。
6 4の鍋に5のすった納豆を味噌こしを通して入れる。味噌こしに残った納豆をすり鉢にもどし再びすり、鍋に入れる。
7 最後に豆腐、みじん切りしたねぎとせりを入れてひと煮立ちさせる。

＜材料＞5人分

納豆…200g
だし汁（昆布・かつお節）…5カップ
いもがら…8g
なめこ*…50g
油揚げ（小揚げ）…2枚（30g）
こんにゃく…1/5枚（50g）
ごぼう…20cm（40g）
にんじん…1/4本（40g）
里芋…1個（40g）
豆腐…1/5丁（80g）
長ねぎ…10cm（10g）
せり…3本（8g）
味噌（赤系辛口）…65g
一味唐辛子…少々

*塩蔵きのこや山菜を塩抜きして加えてもよい。

＜つくり方＞

1 納豆は包丁で刻み、すり鉢に入れペースト状になるまですりつぶす。
2 いもがらはぬるま湯で戻し、水けをしぼり1cm角に切る。
3 なめこは洗ってぬめりをとる。
4 油揚げは熱湯をかけ油抜きをして幅1cm、長さ2cmの短冊に切る。
5 こんにゃくは塩でもんでからさっとゆで、長さ2cm、幅・厚さ1cmの拍子木切りにする。
6 ごぼう、にんじん、里芋は厚さ5mmのいちょう切りにし、ごぼうは酢水にさらす。里芋は塩でもんでぬめりをとる。豆腐は1cmのさいの目切り、長ねぎは小口切り、せりは長さ2cmに切る。
7 鍋にだし汁とごぼう、にんじんを入れてひと煮立ちさせ、里芋、こんにゃく、いもがらを加える。材料がやわらかくなったら、油揚げ、なめこを加え、味噌を煮汁で溶きのばして加える。ひと煮立ちしたら、納豆、豆腐、せりを加え、豆腐が浮いたら火を止める。椀に盛り、長ねぎと一味唐辛子を散らす。

撮影／長野陽一

納豆汁

〈山形県〉

納豆汁は、すりつぶした納豆と根菜やきのこ、いもがらなどでつくる具だくさんの味噌汁です。加熱をすると、納豆の強い粘りが適度なとろみに変わり冷めにくく、食べると体が温まります。欠かせないのが里芋の茎を干したいもがらで、シャキッとした食感がおいしさを引き立てます。豆腐やこんにゃく、油揚げと食材も多く、冬場の栄養補給になりました。

県のほぼ中央部にある大江町では、日常的に食べるほか、正月の七草にも食べます。七草の時期は雪におおわれ新鮮な材料が準備できないので、七草粥の代わりに、自家製の納豆と保存しておいた根菜やきのこで納豆汁をつくりました。

昔は収穫した大豆でまず味噌を仕込み、残りを納豆に使いました。正月用に12月下旬に仕込むのがその年の納豆のつくりはじめで、寒い冬を経て暖かくなる頃まで、つくっては食べきるを繰り返します。糸の引かない納豆は即、納豆汁に仕立てられたので、納豆をつくるたびに納豆汁をつくりました。

協力＝村上弘子、柏倉ミツ、新宮みち
著作委員＝宮地洋子

〈北海道〉

くじら汁

松前町などの道南では、くじら汁は年越しと正月に欠かせないごちそうです。「くじらがくると、にしんが岸に寄る」とくじらは漁の神として崇められ、大漁への願いをこめ、また、大物になるようにと縁起をかついで食べられてきました。

くじら汁にはセリ科の山菜のにお（和名えぞにゅう）、わらび、たけのこ（姫竹、和名チシマザサ）といった、春から大事に保存しておいた山菜を使います。におは冬眠から目覚めた熊も好物で、雪解け時期に熊よけをしながらとります。切り口から出る汁は苦くそのままでは食べられませんが、ぬかと塩で漬けるとアクが抜け、サクサクとした食感で甘味が出ます。

昔は年越しにつくり、鍋ごと納屋に置いておきました。汁も具も凍みるので食べるときに加熱すると日に日に味がしみておいしくなり、1週間ほど食べたそうです。くじら汁はもちを入れて雑煮にもしますが、今はくじら汁を食べたことがない若い世代もいて、一般的な雑煮をつくる家庭が多いそうです。

協力＝石山裕紀子、坪君子、濱村明美
著作委員＝伊木亜子

<材料>4人分

塩クジラ…100g
にお、姫竹、わらび（いずれも塩蔵品。水煮でもよい）…各50g
大根…3cm（100g）
にんじん…1/2本（80g）
ごぼう…10cm（20g）
突きこんにゃく…40g
焼き豆腐または木綿豆腐…1/8丁強（40g）
だし汁（昆布）…2〜3ℓ（野菜の下ゆでに使う分を含む）
酒…大さじ1
みりん、醤油…各小さじ1
塩…小さじ1/3（2g）

塩蔵のにお。塩抜きをして、くじら汁や油炒め、煮物などに使う

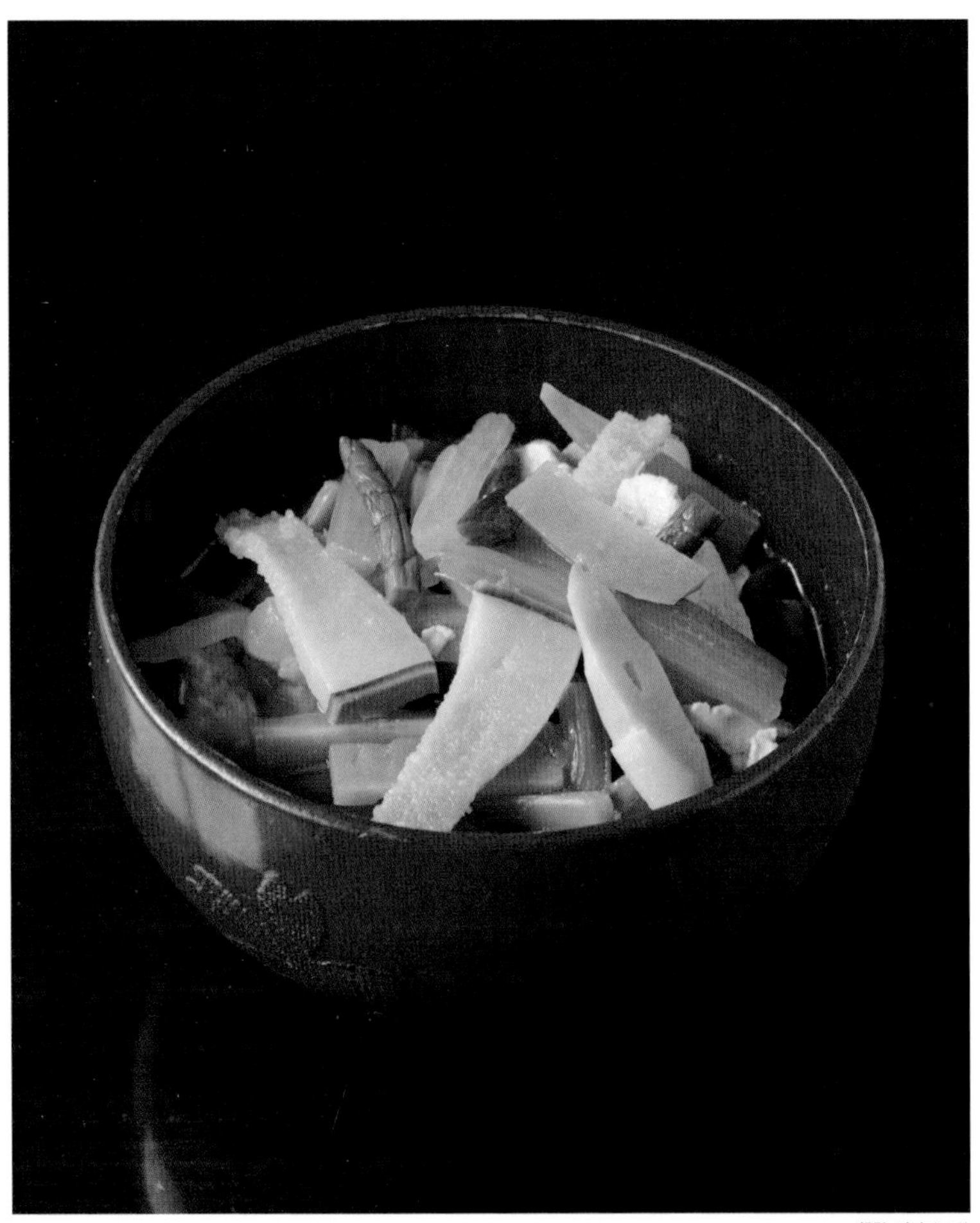

撮影／高木あつ子

<つくり方>

1 塩蔵の山菜をそれぞれ、水を替えながら一晩塩抜きして、2cm長さに切る。
2 塩クジラは縦3〜4cm、横2cm、厚さ4mm程度に薄く切り、熱湯で2〜3回湯通しをする。湯通しすることでクジラは透きとおり、塩と脂が抜ける。
3 野菜も2cm長さに切る。大根、にんじんは短冊切り、ごぼうはささがきにして水にさらす。太い部分は縦半分に切ってからささがきにする。
4 突きこんにゃくは2cm長さに切りさっとゆでてアクを抜く。
5 1の山菜と3の野菜をだし汁1〜2ℓで下ゆでする。
6 だし汁1ℓに4と5を入れ、アクをとりながら20〜30分煮こむ。だし汁が少なくなったら適宜足す。
7 豆腐は味がしみこみやすいように手でちぎって加える。
8 クジラを加えて煮こみ、全体に火が通ったら調味料を入れて味を調える。使用する塩クジラや煮具合で塩分が変わるため、塩味を加減すること。

撮影／高木あつ子

＜材料＞4人分

塩クジラ…60g
ゆうごう（ゆうがお）…150g
なす…1と1/2本（150g）
水…5カップ
煮干し…4〜5本
味噌…大さじ1〜2（約30g）

＜つくり方＞

1 塩クジラは幅1cm、長さ約2〜3cmの短冊切り、または1cmのさいの目に切る。
2 野菜は短冊切りで、約3cmの長さに切る。
3 鍋に水と煮干しを入れて、煮立ってから3分ほど加熱してだしをとる。
4 だし汁に塩クジラ、野菜を入れてやわらかく煮て、味噌を入れる。

◎塩クジラの塩味が強いことがあるので、味噌を入れるときは味見して加減する。

〈新潟県〉

くじら汁

塩くじら（塩漬けにしたくじらの脂皮）とゆうがお、なすが入った味噌汁で、新潟県全域にみられる夏のスタミナ源です。くじらの脂でコクが加わっています。夏の土用にくじら汁を食べると、眉に脂がにじみ出て農作業のときに汗が目に入らないという言い伝えがありました。

ゆうがおは長岡・柏崎地域では「ゆうごう」と呼ばれます。ゆうがおが収穫される夏場には必ずくじら汁が食べたくなるもので、くじら汁を食べるためにゆうがおをつくる人もいるほど、淡泊なゆうがおが塩くじらに合います。他に地域や季節によってじゃがいも、かぼちゃ、大根菜、山菜などを入れることもあります。

くじらの普及には、北前船が大きな役割を果たしたといわれます。西日本の捕鯨地から伝わり江戸末期から明治期には庶民に普及しました。かつては安価だったこともあり、「大きなくじらを食べると大物になる」縁起物として、正月や結婚式などの料理にも使われました。

協力＝鴨下イエ子、山本ツギ、吉田恵子
著作委員＝佐藤恵美子

〈石川県〉めった汁

日常の食事の中で、具だくさんのおつゆといえばめった汁です。冬になるとよくつくられました。語源としては「滅多に食べないから」とか、「滅多に（やたらに）材料を切るから」など諸説あります。何でもいろいろな材料をめちゃくちゃに取りあわせた汁ものという意味もあるかもしれません。県内全域でつくられていますが、とくに加賀地区の金沢で好まれます。

めった汁はよく「金沢の豚汁」と紹介されるのですが、ここでは牛肉を使っています。元々は牛肉の安い小間切れ肉をよく使い、豚肉が普及したのはその後だったので、高齢者ではめった汁は牛肉を使うもので、豚肉を使ったら豚汁だと区別している人もいます。

材料は手近にあるものでなんでもいいのですが、さつまいもが入ると、その香りと風味が印象的で上品な甘さが加わります。その他、里芋、こんにゃく、きのこ、青菜を使うこともあり、肉を使わずに油揚げでコクを加えることもあります。

著作委員＝新澤祥惠、川村昭子、中村喜代美

撮影／長野陽一

<材料> 4人分

牛肉（または豚肉）小間切れ肉…100g
大根…100g
にんじん…40g
白菜…2枚（100g）
さつまいも（細いもの）…1本（100g）
長ねぎ…1本（90g）
ごぼう…1/2本（40g）
水（またはだし汁）…3.5カップ
味噌…50〜60g

<つくり方>

1. 肉は1cm幅に切る。
2. 大根、にんじんは短冊切り、白菜は2cm幅に切る。ごぼうは大きめのささがきにする。
3. さつまいもは1cm厚さの輪切りまたは半月切りにする。
4. ねぎは斜め薄切りにする。
5. 鍋に水を入れ、大根、にんじん、ごぼうを加えて煮る。少しやわらかくなったら白菜とさつまいもを加え、さつまいもがやわらかくなったら肉を加えて味噌で調味する。
6. 最後にねぎを加えさっと火を通してできあがり。

〈和歌山県〉

おつけ

県北部の紀ノ川中流域に位置する岩出(いわで)市は、温暖な気候で、水が豊富な稲作地帯です。昔から稲刈りが終わると、そのお祝いとご苦労さんの慰労を兼ねてどじょう汁やどじょう鍋をつくり、手伝いの人や近所の人たちと食べました。

どじょうは、田んぼでつかまえます。稲刈りの1週間ほど前になると田んぼを乾かすために、田んぼの周りをねき掘り（溝切り）して水を抜きます。水がなくなるとどじょうが泥の中からにょきにょきと出てくるので、軍手をはめて手でとるか網ですくってつかまえ、水を入れたバケツに入れて泥を吐かせました。

当時、どじょうは良質なたんぱく質源でした。どじょうからはだしがよく出て、たくさんの野菜と一緒に煮るとおいしく、体も温まりました。稲刈りの間は各家でつくるので、何度も呼ばれて食べたそうです。環境の変化でどじょうが少なくなったことから、近年は豚肉やいわしを使い、増量にうどんを入れて普段の食事にもつくるようになっています。

協力＝池田維佐子　著作委員＝川原﨑淑子

撮影／高木あつ子

<材料> 4人分

豚バラ肉…200g
白菜…2枚（240g）
大根…1/4本（240g）
にんじん…1/3本（50g）
ごぼう…1/3本（50g）
里芋…2個（80g）
こんにゃく…1/3枚（80g）
油揚げ…1/2枚（10g）
ちくわ…小1本（30g）
ゆでうどん…300g
ずいき（生）…120g
青ねぎ…1本（20g）
油…大さじ1
だし汁（煮干し）…1ℓ
味噌…60g

<つくり方>

1 豚肉は食べやすい大きさに切る。
2 白菜はざく切り、大根はいちょう切り、にんじんは半月切りにする。
3 ごぼうは皮をこそげてささがきにし、水につけアクをとる。里芋は皮をむいて食べやすい大きさに切り、塩でもんでぬめりをとり洗う。
4 こんにゃくはひと口大にちぎる。油揚げ、ちくわは縦半分に切り、5㎜幅に切る。
5 ずいき、青ねぎは2～3㎝長さに切る。
6 鍋に油を熱して豚肉を炒め、色が変わったら大根、にんじん、ごぼう、里芋を入れて炒める。
7 全体に油がなじんだら、だし汁と**4**を加え、途中でアクをとり、白菜を加える。野菜がやわらかくなったらうどんを入れ、味噌で味をつける。火を止める前に**5**を入れる。

〈鹿児島県〉

さつま汁

地鶏と根菜を使った具だくさんの味噌汁です。島津藩政時代には武士の士気高揚のため薩摩鶏（さつまどり）による闘鶏を奨励しており、闘鶏で負けた鶏をつぶし、汁にしたのが始まりとされています。当時はぶつ切りの薩摩鶏と野菜の鍋を大勢で囲む豪快な男の料理でした。

薩摩鶏は、江戸時代に薩摩藩内で作出された気性の激しい大型の鶏で、足が長く、尾羽は長く美しく、古くから観賞用、闘鶏用に飼育されましたが、その肉の甘味、弾力、色合いは格別で、来客時には食用とされました。放し飼いにしていた鶏は鹿児島では「歩く野菜」といわれ、来客や祝事、行事のときにはつぶし、貴重なたんぱく質源とする習慣がありました。

さつま汁に使う味噌は、麦味噌です。鹿児島でよく使われる調味料は味噌で、昔はたいてい各家庭で、麦麹の発酵に適した気温になる春と秋の彼岸の頃に味噌を仕込みました。季節の野菜や魚肉類とを組み合わせ、味噌汁に煮物に、酢味噌にと利用してきました。

協力＝福司山エツ子、上野絹子
著作委員＝木戸めぐみ

撮影／長野陽一

＜材料＞4人分

鶏もも肉（骨つき肉でもよい）…120g
大根…2〜3cm（100g）
里芋…2個（80g）
にんじん…1/2本（80g）
ごぼう…1/3本（60g）
こんにゃく…1/5枚（50g）
油揚げ…2枚（50g）
葉ねぎ…1本（4g）
だし汁（昆布・かつお節）…4カップ
麦味噌…50g

＜つくり方＞

1. 鶏肉は2cmのぶつ切り、大根と里芋は1cmのさいの目切りにする。にんじんはいちょう切り、ごぼうはさいの目切りにして水につけてアクを抜く。
2. こんにゃくは短冊に切り、から炒りする。油揚げは熱湯をかけて油抜きし、さいの目切りにする。葉ねぎは小口に切る。
3. 鍋にだし汁と、鶏肉、大根、にんじん、ごぼう、こんにゃくを入れて火にかける。途中で里芋、油揚げを加え、煮立ったら弱火にし、野菜がやわらかくなるまで煮る。
4. 味噌を煮汁で溶いて入れ、ひと煮立ちしたら火からおろし、葉ねぎをのせる。

撮影／長野陽一

＜材料＞ 4人分

豚三枚肉（塊）…150g
干し椎茸…3枚
こんにゃく…100g
カステラかまぼこ*…100g
豚だし（ゆで汁）…4カップ
だし汁（かつお節）…3カップ
白味噌（甘）…150g
みりん…少々

*魚のすり身と卵を合わせて蒸したもの。

＜つくり方＞

1 豚肉は2回ゆでる。最初のゆで汁は捨てて、2回目はかぶるくらいの水でゆで、薄い短冊切りにする。ゆで汁は豚だしとして使う。
2 干し椎茸は水で戻し、せん切りにする。
3 こんにゃくは短冊切りにして、ゆでる。
4 カステラかまぼこも短冊切りにする。
5 鍋に2種のだし汁、みりん、1〜3を入れて、煮立ったら半量の味噌を加え、肉がやわらかくなったらカステラかまぼこを加え、残りの味噌を調整しながら入れる。

〈沖縄県〉

イナムドゥチ

イナは猪、ムドゥチは「もどき」の意味です。昔は猪の肉を使った料理が、いつからか豚肉を使うようになったので、「猪もどき」と呼ばれます。短冊にそろえた具をたくさん入れて、白味噌でこってりと仕上げます。沖縄には白味噌の中でもとくに甘めな「イナムドゥチ味噌」があり、これを使うことが多いです。さらに隠し味としてみりんを少々加えることもあります。豚肉やかつおのだしのうま味と白味噌の甘味、とろみが相まってコクのある汁ものです。具に入っている沖縄独特のカステラかまぼこは、魚のすり身に卵を多量に加えて蒸し上げた味わい深いもので、行事食に欠かせないものです。

イナムドゥチは祝い料理や家庭料理としてもよく食べられ、学校給食でも提供されています。昔から那覇や首里でよく食べられてきたそうです。そのため、30年ほど前の思い出話で、那覇出身の方が北部の山原（やんばる）地域出身の方へ嫁いでイナムドゥチをつくったらとても珍しく喜ばれたといいます。

協力＝浦崎米子、大嶺桂子、大嶺文子
著作委員＝大城まみ、名嘉裕子、森山克子

〈沖縄県〉

ヒージャー汁

ヒージャー（フィージャー）は沖縄の方言で山羊（やぎ）のことです。山羊汁は山羊の肉や内臓を長時間煮こみ、おもに塩で味つけをするシンプルな料理で、沖縄の山羊料理の代表的なものです。山羊独特の風味は苦手な人も多いといわれますが、好きな人は大好きで、山羊料理の話になると思わず顔がほころぶといいます。

全県的に、戦後しばらくは山羊を飼う農家（家庭）が多く、エサは草だけでよいので庭先や畑で飼っていました。沖縄は豚肉の料理が多くありますが、山羊も昔から薬効のある食材として食べられてきました。山羊の刺身や、内臓や睾丸（こうがん）も好んで食べられています。山羊汁は滋養強壮、疲労回復、精力剤の意味もあり、一昔前は睾丸が入っていたら「大当たり」と盛り上がったそうです。また、山羊をさばく（解体する）人は褒美として睾丸がもらえたとのエピソードもあるほどです。今でも棟上げや慰労会などで山羊汁がふるまわれます。

協力＝大嶺育子、大嶺宗吉
著作委員＝田原美和、森山克子、大城まみ

撮影／長野陽一

<材料> 4人分

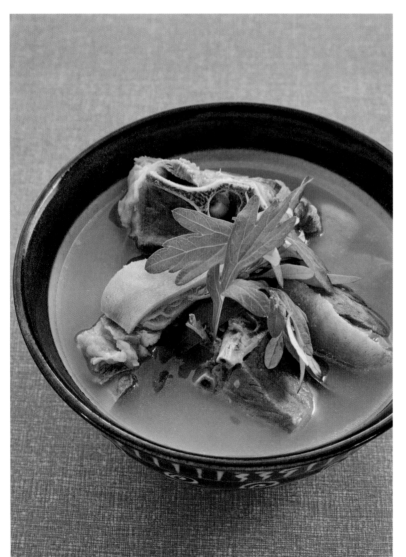

ヤギ肉*…800g
塩…小さじ1（目安）
水…2〜2.5ℓ
よもぎ…適量
*内臓などの部位を入れることもある。

冷凍で売られていたヤギ肉パックの例。左は骨付きを含むさまざまな肉、右上から血、レバーと肺、大腸と胃袋と心臓、脂など

<つくり方>

1 鍋に湯を沸かし、ヤギ肉を長時間（3時間程度）ゆがく。アクが多いのでこまめにすくう。
2 ヤギ肉がやわらかくなったら、塩で味つけする。好みでよもぎをのせてもよい。

◎薄味でつくり、塩を別皿にそえて各自で味をつけることが多い。

だんごの汁

丸いだんごは祝いの形。甘いあんが入っただんごの汁「けいらん」は北東北のハレの1品です。だんごとずいきの汁は産婦の快復と乳の出によいといわれ、近所にもお祝いで配られました。米や小麦、とうもろこしやいもでつくるだんごを汁の実にすることもありました。

〈青森県〉

けいらん

汁に入っただんごの形が鶏の卵に似ていることからこの名前がつきました。もともとは室町時代に都の禅宗の寺で食べられていた点心（間食やお茶請け）が南部藩に伝わったといわれています。

昆布と椎茸が香るすまし汁と、とろりととろけるようなあん入りのだんごの組み合わせはユニークですが絶妙な味です。下北地域ではお祝いに欠かせない料理となっています。最近では結婚式の会場で出されるものになりましたが、かつては冠婚葬祭になると隣近所の女性が集まり大量につくっていました。蒸したてのけいらんに汁を注いで配膳するうち、汁だけがぬるくなり、中のけいらんを食べると熱くて驚くこともありました。

また、稲刈りを手伝ってくれた人たちをもてなす「秋振る舞い」や、農家の若い独身男女が夜通し酒盛りをして親交を深め合う「夜栄盛（よざかもり）」でも出されました。あんこの入っていない「はずれ」のけいらんが当たると歌を歌わなくてはいけないという習わしもあり、お祝いの場を盛り上げる一品でもありました。

協力＝上路ミヲ子　著作委員＝今井美和子

＜材料＞5人分

もち粉…250g
ぬるま湯…160〜180mℓ
小豆あん（こしあん）…200g
水…850mℓ
昆布…10g
干し椎茸…2枚
醤油…大さじ2強
三つ葉…5本

＜つくり方＞

1 鍋に水、昆布、干し椎茸を入れて2時間ほどおく。椎茸がやわらかく戻ったらとり出し、火にかけて沸騰直前に昆布を取り出す。醤油を加えて味つけする。
2 三つ葉はさっとゆでて結ぶ。椎茸は薄切りにする。
3 もち粉にぬるま湯を少しずつ入れ、耳たぶより少しかためになるようにこね、10等分し、丸める。
4 小豆あんも10等分し、丸める。
5 3の生地を平らにつぶしてくぼみをつくり、お椀状にのばす（写真①）。小豆あんをおいて（写真②）手の甲で押しこみ（写真③）、包む（写真④）。鶏卵の形に整える（写真⑤）。3cm×4cmに切ったオーブンシートにそれぞれをのせる。
6 蒸気の上がった蒸し器にオーブンシートごと並べ、8〜10分くらい蒸す。表面が透き通ってきたら、蒸し上がり。つやが出るよう、50〜100mℓの水（分量外）を手でふりかける（写真⑥）。蒸し器からとり出し、うちわであおぎ、粗熱をとる（写真⑦）。
7 椀に6を2個並べ、間に椎茸と三つ葉を1本おき、温めた1の汁を注ぐ。

◎3でけいらんの生地をつくるとき、水分が多くやわらかくなりすぎたときは、風に当てて「遊ばせて（置いて）」水分を飛ばすとよい。生地がかたくなったときはこねながらぬるま湯を少しずつ足すか、6の蒸らし時間を長くするとよい。

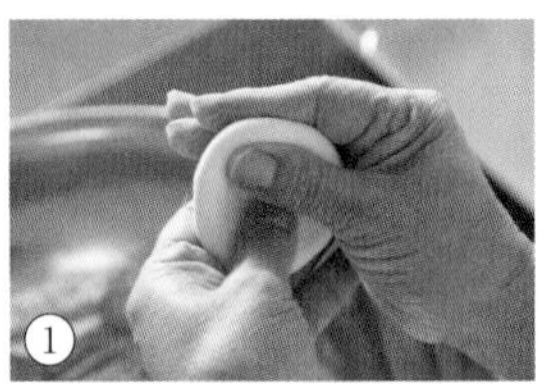
①

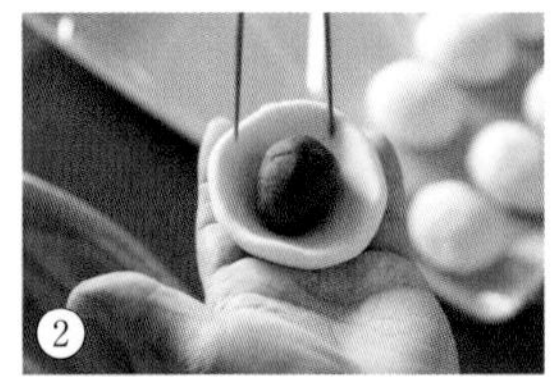
②

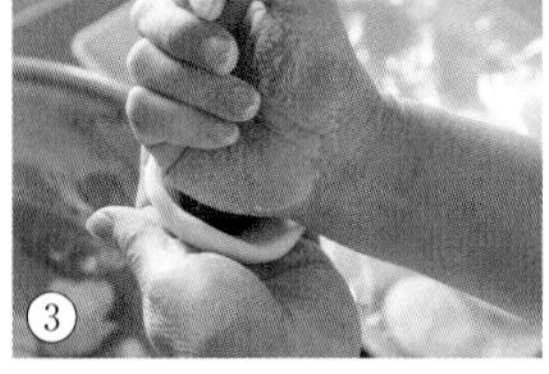
③

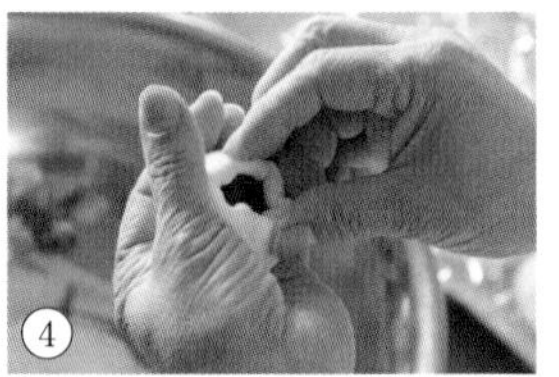
④

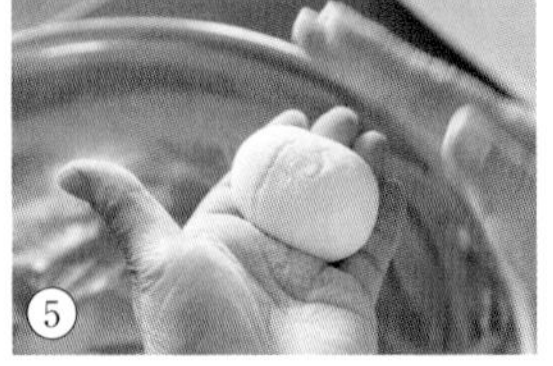
⑤

⑥

⑦

撮影／五十嵐公

〈岩手県〉

けいらん

大きなだんごに椎茸、花麩、三つ葉を添えたお椀を、けいらんといいます。だんごを鶏卵、周りのそうめんを鳥の巣に見立てています。県北部の太平洋に面した野田村で食べられてきた不祝儀のときの料理で、卵を使った料理の代用として植物性の食材でつくられました。昔はだしも精進で、玉ねぎやかんぴょうでとりました。

だんごの中はくるみと黒糖と辛子です。県北にはくるみと黒糖を入れた伝統的なおやつがありますが、辛子は入れません。黄色い辛子は黄身の代わりなのです。

野田村では古くより塩がつくられ、牛の背に載せて内陸へ運ばれ穀物と交換されました。けいらんはおもに町場でつくられ、米が手に入りにくい山場ではあまりつくられませんでした。だんごは先に辛子を入れると包みやすく、皮が破けないようにくるみはとがっていないものを用意します。手間がかかるので仕出しで頼むことが多くなりましたが、今も念仏講の際に手づくりで出す家庭もあります。

協力＝北田白礼子
著作委員＝松本絵美、魚住惠

撮影／奥山淳志

＜材料＞ 5人分

- もち粉…2/3カップ
- 白玉粉…1/3カップ
- 湯（手でさわれるぐらいの温度）…約1/3カップ
- 練り辛子（チューブ）…約5cm分
- 山ぐるみ（鬼ぐるみ）…1cm角5〜10かけ
- 黒砂糖…1cm角5〜10かけ

だし汁（昆布10cm角1枚、かつお節1カップ）…5カップ
塩…小さじ1
うす口醤油、酒…各小さじ2
みりん…小さじ1
そうめん（または春雨）…10g
椎茸（小）、三つ葉、花麩…各5個（本）

＜つくり方＞

1. だし汁を塩、醤油、酒、みりんで調味する。
2. 椎茸は軸をとって飾り包丁を入れ、1のだし汁で煮てとり出す。
3. 三つ葉は2〜3cm長さに切り、花麩は水で戻し水けをしぼる。
4. もち粉と、すり鉢でつぶした白玉粉を合わせ、湯を加えて箸でかき混ぜる。まとまってきたら、耳たぶ程度のやわらかさになるように手でこねてひとつにまとめる。
5. 生地を5等分（1個約35g）にし、手のひらで丸めてからつぶして真ん中をくぼませる。そのくぼみに練り辛子約1cm分、くるみ1〜2かけ、黒砂糖1〜2かけをのせ（写真①）、中身が出ないように包んで卵の形に整える。これが、けいらん。
6. けいらんを沸騰したたっぷりの湯でゆでる。くっつかないようにときどきへらで混ぜ、浮き上がってからさらに2〜3分ゆでて水にとる。
7. そうめんをゆで、水洗いしてザルにあげる。
8. 6を1の汁に通してから椀に入れる。周りに鳥の巣に見立てたそうめんを盛り、椎茸、花麩、三つ葉を添え、けいらんが2/3程度浸るように1のだし汁を張る。

◎白玉粉はつぶさず、半量の湯でかたまりをなくしてから混ぜてもよい。

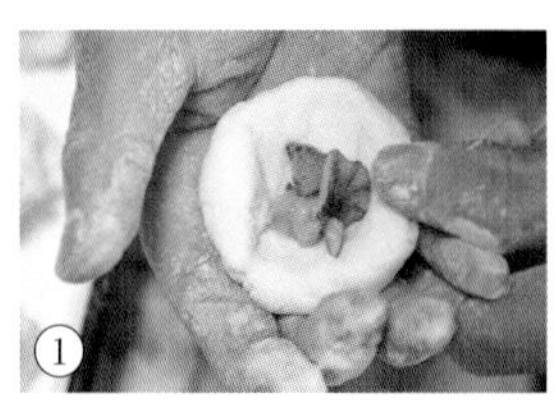

①

撮影／高木あつ子

<材料> 4人分

【けいらん 8個分】
白玉粉…70g
水…60〜80mℓ
こしあん…70g
くるみ…20g
こしょう…少々

舞茸…40g
三つ葉…8本
そうめん…20本

【すまし汁】
水…600mℓ
昆布(だし用)…20cm
うす口醤油…小さじ2
塩…少々

<つくり方>

1 あんを8等分し、くるみは炒って刻み、半量をあんの中に包んで丸める。
2 白玉粉に水を少しずつ入れて様子をみながらこねる。
3 1のあんにこしょうを少しつけ、8等分にした2の白玉で包んで鶏卵の形にする。熱湯でゆで、浮いたら冷水にとって水をきる。
4 そうめんは1〜2分ゆでる。三つ葉はゆでて、2本ずつの結び三つ葉を4つつくる。舞茸は適当な大きさに裂いて塩を加えた湯でゆでる。
5 水に昆布を入れて火にかけ、昆布は沸騰直前にとり出す。醤油と塩で味を調える。
6 椀にそうめん、3のけいらん2個、舞茸、三つ葉を入れ、5の熱い汁をかける。残ったくるみを散らす。

〈秋田県〉

けいらん

季節を問わず、人が集まるとき、正月や慶弔の行事などにつくられてきた、鹿角(かづの)地域のハレの料理です。精進料理の吸いものとしてもつくられ、だしに鶏卵に見立てた白いもち、けいらんを2つ浮かべます。お祝いのときは一方を食紅で色づけし、紅白のけいらんにします。見た目にも上品で趣のある料理です。

鹿角は県の北東部、岩手県、青森県の県境に位置します。江戸時代までは南部藩が統治していたため、南部の食文化が根づいている地域で、青森、岩手にも同様にけいらんがあります。あんにくるみが入ること、こしょうのピリッとした風味が特徴的でユニークです。現在は、家庭料理というよりも料亭や旅館などで提供されています。

室町時代、中国から伝来した吸いものが、上方を経て禅宗の精進料理となり、江戸時代に南部藩に伝わったといわれています。「けいらん」という和菓子もありますが、吸いもののほうが古い形を今に伝えています。

協力＝浅石シガ
著作委員＝高山裕子

〈岩手県〉

まめぶ

四方を山に囲まれた久慈市山形町（旧山形村）発祥の料理で、テレビドラマで全国的に知られるようになりました。

山形村は南部領時代には何度も凶作に見舞われた地域で、小麦や雑穀が主食で、まめぶも小麦粉でつくります。名称はまめで達者にとの願いがこめられたとも、「まり麩」がなまったともいわれます。祝儀の際は丸く大きな球形にし、不祝儀の際はラグビーボールや繭玉のような楕円形にしたり、祝儀のときよりも小さな球形にします。野菜は祝儀、不祝儀関係なく全部三角形に切ります。

モチッとした中にも歯切れのよいだんごで、かじると中から溶けた黒砂糖が現れ、醤油味の汁と相まってなんともいえない味わいです。だんごにまぶしたかたくり粉が汁と混ざり合いとろみが生まれ、寒い時期に食べると温まります。昔は正月、結婚式、法事などのハレの料理でしたが、今は子どもや孫が帰省した際にもつくります。

協力＝岩角ツギ
著作委員＝岩本佳恵、長坂慶子

撮影／奥山淳志

＜材料＞ 4〜5人分

- 薄力粉、すいとん粉*…各100g
- 塩…少々
- 熱湯…160mℓ（粉の80〜85%）

山ぐるみ（鬼ぐるみ）…15g
黒砂糖（粉）…25g
打ち粉（薄力粉：すいとん粉＝1：1）…適量
かたくり粉…適量

- 水…1.5ℓ
- 昆布…15cm
- 煮干し…5〜6本

にんじん…1/2本（70g）
ごぼう…1/2本（80g）
かんぴょう…10g
しめじ…1/2パック（40g）
焼き豆腐…1/2丁（150g）
油揚げ（小）…2枚（40g）
醤油…大さじ4
塩…少々

*小麦粉にでんぷんを混ぜたもの。

＜つくり方＞

1 昆布と煮干しでだしをとる。
2 にんじん、ごぼうはいちょう切り、油揚げと焼き豆腐は1.5〜2cmの三角に切る。
3 かんぴょうは戻して1.5cm長さに切る。しめじは食べやすくほぐす。
4 おぼんまたはバットにかたくり粉をたっぷり広げておく。
5 ボウルに粉と塩を入れ、熱湯を加えて箸でざっと混ぜる。さわれる熱さになったら、生地がなめらかになるまで手でこねる。まな板などに打ち粉をし、直径1.5〜2cmの棒状にのばしてから親指大（1個9〜10g）にちぎり、丸める。
6 5を指で押しつぶして中心をくぼませ、そこへ黒砂糖をティースプーン1/3量ほどを入れて指で押し、くるみ1かけをのせて（写真①）、中身が出ないように指でつまんでとじて丸くする。4のおぼんにできたまめぶを入れ、ゆすって転がし、全体にかたくり粉をまぶす。
7 1のだし汁に2と3を入れ火にかける。野菜に火が通ったら醤油と塩で味を調え、まめぶを入れて煮る。まめぶが浮いてきたら、もう一度味を見て調える。

①

〈富山県〉

三日(みっか)のだんご汁

ずいきともち米のだんごが入った味噌汁です。ごぼうや白菜、薄揚げなどを入れることもあります。赤ちゃんが生まれて3日目にこの汁をつくって母親に食べさせます。県下全域で「産後3日目に産婦が食べると乳の出がよくなる」といわれています。赤ちゃんが生まれると、もち米の粉と干しずいきのセットにのしをつけて親戚に配ります。里帰り出産が多かったので、配るのは実家の母親の役目でした。

乳児の死亡率の高かった昔は、3日目が厄日で、産婦の食欲が出てくるのが3日目くらいでもあり、このときにお祝いをしたのでないかと思われます。ずいきは「古い血を洗う」といわれ、産後の女性の回復が早いともされてきました。実際、他県出身のお嫁さんの友達が出産したので三日のだんご汁を送ってほしいと頼まれ、体調が悪かったのがよくなったと感謝されたという話もあります。

もち米の粉が「三日もち粉」という名称で売られているほど、三日のだんご汁は身近なものです。

著作委員＝守田律子、深井康子

撮影／長野陽一

＜材料＞4人分

- もち粉…120g
- 熱湯…約80mℓ

干しずいき…8g
だし汁（昆布とかつお節）…4カップ
味噌…大さじ1と2/3（30g）

干しずいき。八ツ頭、赤ずいきの茎を乾燥したもの。

＜つくり方＞

1 もち粉に熱湯を注いでよくこねる。親指大のだんごに丸め、真ん中をくぼませる。
2 干しずいきは水（分量外）で戻して約2cmに切る。
3 鍋にだし汁を入れ、火にかけ沸騰してきたら、1のだんごと2のずいきを入れ、味噌を煮溶かす。だんごが浮いたら火を止める。

〈兵庫県〉ちょぼ汁

淡路島では昔から、古い血を下ろし乳の出をよくするといって、産婦にはずいき入りの味噌汁であるちょぼ汁をつくって食べさせました。ちょぼ汁のちょぼは赤ちゃんのおちょぼ口に由来し、おちょぼ口のようにかわいく美しく育ってほしいとの願いが込められているといわれています。高価な小豆の代わりにささげを使い、ぜんざいと思われる色でありながら、味はだしのきいた味噌汁です。

良質なたんぱく質が少なかった時代に、出産後の栄養としてささげを使い、また産後の悪い血を出すというずいきを組み合わせてつくった妊産婦の体を気づかった料理です。だんごは男の子は俵形、女の子は丸い形にしたといいます。お宮参りのあとに、お祝いにきた親戚や近所の人に出す風習もありました。地元の女性は産後は毎日食べさせられたと懐かしがります。なかには、見かけと味が違う違和感から子どもの頃は苦手だったという人もいますが、島では誰もが知っている故郷の味です。

協力＝平野まさ枝、奥野幸子
著作委員＝田中紀子

＜材料＞ 4人分

- もち粉…2/3カップ
- 水…80mℓ

ささげ…80g
干しずいき…10g
ささげのゆで汁…1カップ
だし汁（昆布と煮干し）…2カップ
味噌…大さじ2と1/3（42g）
かつお節…少々

干しずいき（いもがら）

＜つくり方＞

1 ささげは洗って10倍の水に一晩つけてからやわらかくゆがく。ゆで汁をとっておく。
2 もち粉に水を少しずつ加えて耳たぶくらいのやわらかさになるよう練る。棒状にのばし、端から1cmくらいでちぎり、小さなだんごに丸めておく（写真①）。
3 ずいきは水で戻して1.5cmに切り（写真②）、水からさっとゆがく。
4 ささげのゆで汁とだし汁を合わせて1のささげを入れて煮て（写真③）、3のずいきと2のだんごを加え（写真④）、だんごが浮いてきたら（写真⑤）味噌で味つけする。
5 椀に入れた上からかつお節を散らす。

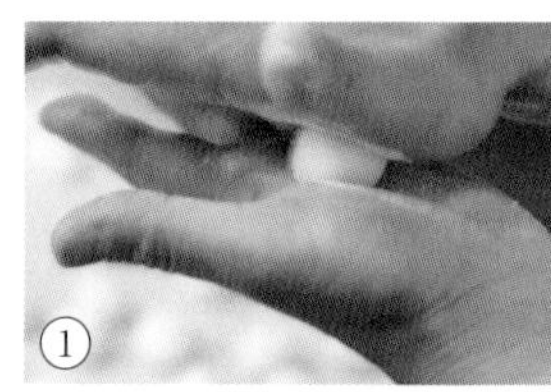

①

②

③

④

⑤

撮影／高木あつ子

〈山梨県〉

もろこしのおつけだんご

山中湖村は標高が高く土地は火山灰土で、昔から米がとれません。そのため、火山灰土でも育つとうもろこしが増産され、主食として活用してきました。とうもろこしの粉のだんごをヒジロ（囲炉裏）の灰で焼いた「灰もぐり」はご飯代わりで、朝食はいつもオシイ（汁）と灰もぐりでした。オシイにはうどんやだんごを入れることもあり、何度も何度も煮返して食べたそうです。当時はだんごのほか、粥や雑炊もつくりました。とにかく米が貴重で、多くの雑穀を活用し、とうもろこしはとくに多用しました。

根菜たっぷりの汁は栄養満点で、だんごを入れることで、主菜にも主食にもできます。具に決まりはなく、その時期に手元にある野菜でつくれます。もろこしだんごは昔の貧しい食事の代名詞のようでしたが、今は白玉粉を加えることで、とうもろこしの粉のざらつき感が抑えられて口当たりもよくなりました。だんごの黄色も美しい汁で、村おこしのもてなし料理として見直されています。

協力＝天野うめ、羽田正江
著作委員＝阿部芳子

撮影／高木あつ子

<材料>4人分

とうもろこしの粉*…60g
白玉粉…40g
70℃くらいの湯
…50mℓ（粉の50％重量）
A ┌大根…60g
　│にんじん…40g
　│かぼちゃ…80g
　└じゃがいも…60g
B ┌ごぼう…20g
　│しめじ…40g
　└椎茸…4枚
さやいんげん…20g
長ねぎ…20g
味噌…40g
だし汁（かつお節と昆布）…4カップ

◎肉を入れる場合もある。肉の代わりにコクを出すため、油揚げを入れることもある。

<つくり方>

1 とうもろこしの粉と白玉粉を合わせて湯を加え、こねて耳たぶのかたさの生地にする。16等分し、丸く平らに丸めてだんごに成形する（1人2個程度）。火の通りがよいように、少し中央をくぼませる。
2 Aをひと口大に切る。Bのごぼうはささがき、しめじは小房に分け、椎茸は軸が太ければ切りこみを入れ、1/2か1/4に切る。さやいんげんはゆでて斜め切りにする。
3 だし汁にAを入れて煮る。少したってBを加える。
4 野菜が煮えたら味噌を入れて味を調え、1のだんごを入れて煮る。火から下ろす間際にさやいんげんを入れる。
5 椀に盛り、小口切りのねぎを天盛りにする。

*甲州もろこしとその粉。硬粒種（フリント種）で完熟した実を乾燥させて粉にひく

撮影／長野陽一

〈長崎県〉

じゃがだご汁

一般的にだごは小麦粉を水で溶き、スプーンで流し入れたりちぎったりしてゆでたものです。だごの入った汁、だご汁は九州全域で食べられていますが、これは小麦粉の代わりにじゃがいもを使っただご汁です。

長崎県はじゃがいも伝来の地であり、現在でも生産量は北海道に次いで第2位です。県内でも、じゃがいもの生産に向く土壌を持つ島原半島では、古くからじゃがいもはだご汁をはじめ、さまざまな料理に用いられてきました。だごは小麦粉の代わりにじゃがいもを使うことで、やわらかく、のどごしがよくなります。一年中日常的に食べられますが、根菜類が多い冬野菜でつくったほうが野菜の甘味が強くておいしいです。とろみがついて冷めにくく、寒い日に食べると体が温まります。じゃがだご汁には、じゃがいもを生のまますりおろし、水にさらして沈殿したでんぷん(かたくり粉)と水をしぼった残りの部分とを合わせてだんごにしてゆでるものもあります。

協力＝松田愛美、西川美知子
著作委員＝久木野睦子、冨永美穂子、石見百江

<材料> 4人分

じゃがいも…300g
かたくり粉…100g
鶏肉*…50g
にんじん…50g
大根…100g
ごぼう…50g
小松菜…40g
だし汁…3カップ(いりこ10gでとる)
うす口醤油…大さじ1
酒…大さじ1
みりん…大さじ1
塩…少々(0.8～1g)

*味が出るのでもも肉を使うことが多いが、部位は好みでよい。

<つくり方>

1 じゃがいもは皮をむいてゆでる。ゆで上がったらつぶし、かたくり粉を混ぜてよくこねる。ラップの上で3cmくらいの棒状に形を整え、くるんでしばらくおく。
2 鶏肉はひと口大、にんじん、大根は半月切り、ごぼうはささがきにする。小松菜はざく切りにしたあと、ゆでる。
3 だし汁に調味料を入れ、鶏肉、にんじん、大根、ごぼうを入れて煮て最後に味を調える。
4 具が煮えたら、1を1cm幅に切って加える。一旦沈んだだごが浮き上がってくるまで煮る。煮えるとだごが透明になってくる。火を止めて小松菜を加える。

〈鹿児島県〉
いもんせんのだんご汁

種子島ではさつまいもをからいもといい、さつまいもでんぷんをいもんせんと呼びます。島では昔から掘りたての新鮮ないもでいもんせんをつくって保存し、利用してきました。

だんご汁は味噌汁で、でんぷんとさつまいもでだんごをつくります。だんご汁をすまし仕立てにすると吸いもんです。いもんせんを水で溶いて油で焼くと揚げもんで、煮しめには揚げもんをこんにゃく代わりに入れます。ようかんなどの菓子にも使います。種子島はさつまいも伝来の地といわれ、数多くのでんぷん料理が日常的に食べられてきました。

このだんご汁がよく食べられるのは、あおさがとれる2月から5月です。もっちりとした食感とさつまいもの甘味が甘めの麦味噌に合い、あおさの緑色が春の訪れを感じさせます。今はさつまいももあおさも一年中流通していますが、春が近づくと食べたくなるのです。魚もあおさを食べに岸に寄ってくるので、この時期は磯釣りもさかんになります。

協力＝能塩みよ子、江口スワ子、徳永ヨシヱ
著作委員＝進藤智子

撮影／長野陽一

＜材料＞ 4人分

からいも（さつまいも）
…中1本（約200g）
いもんせん（さつまいもでんぷん）*
…2カップ（約220g）
［水…3カップ
　煮干し…30g
麦味噌…60〜80g
葉ねぎ…適量
あおさ…適量

*さつまいもからつくられるでんぷん。

＜つくり方＞

1 からいもをゆで、温かいうちにつぶす。
2 1にいもんせんを混ぜ、耳たぶくらいになるまでよくこねる。
3 鍋に水と煮干しを入れて火にかけ、沸騰後、1〜2分煮たらとり出す。
4 3のだし汁に味噌を加え、2を適当に丸めて入れる。だんごは煮えたら、上がってくる。
5 最後に味を調え、小口切りにしたねぎ、あおさを入れて火を止める。

◎すまし仕立てにしてもよい。
◎あおさの代わりに黒のり、くさ木の新芽、苦竹(にがだけ)でもよい。

味噌の種類と分布

気候や風土により、麹の種類、発酵期間、塩の量が異なる
さまざまな味や香りの味噌が全国にはあります。
ここでは、各地で製造されているおもな味噌を紹介しますが、
実際には地域内でいろいろな味噌が混在して使われています。

写真／高木あつ子

米味噌【赤色・辛口】

(仙台味噌、津軽味噌、越後味噌など) 米麹を使った赤い味噌で、大豆と麹の割合は基本的に淡色の米味噌と変わらないが、発酵・熟成期間が長いため色が濃くうま味も香りも強い。味噌汁などどんな料理にも使える。

調合味噌

(合わせ味噌など) 麦と米の麹を合わせて仕込んだ味噌で、米味噌のもつコクと麦味噌のもつ甘さが合わさったマイルドな味。できあがった麦味噌と米味噌を混ぜ合わせたタイプもある。料理全般に使える。

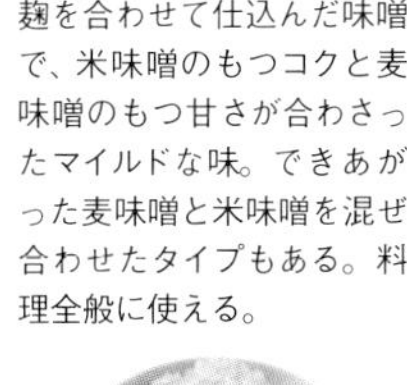

麦味噌【甘口・辛口】

(田舎味噌など) 米を使わず、大麦や裸麦の麹を使った味噌。麦麹特有の甘い香りがし、見た目に麦の黒い筋が見える。塩が少なく麹が多いため甘くなる。味噌汁など料理全般に使える。

米味噌【淡色・辛口】

(信州味噌など) 米麹を使った淡色の味噌。全国で生産量がもっとも多く、広く使われている。あっさりした口当たりでくせがない味。料理全般に使える。一般にレシピで"味噌"とあった場合はこの味噌を指すことが多い。

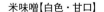

豆味噌

(三州味噌、八丁味噌、赤味噌など) 米や麦の麹は使わず、大豆そのものを麹にしてつくる味噌。独特のコク、濃厚なうま味と香り、わずかだが渋味、苦味もある。赤だしの味噌汁、味噌煮込みうどんなどに使える。

調合味噌

(赤だし味噌、ミックス味噌など) 豆味噌に米味噌や調味料などを混ぜ合わせた味噌。豆味噌は固形状だが、調合することでなめらかになり、味もまろやかになる。豆味噌同様、赤だしの味噌汁、味噌煮込みうどんなどに使える。

米味噌【赤色・甘口】

(御膳味噌など) 米麹を使った赤い味噌で、麹の割合が多いため比較的甘い。熟成期間は長いので色は濃く風味は豊か。徳島県での生産がさかんで、味噌汁などどんな料理にも使える。

米味噌【白色・甘口】

(白味噌、西京味噌、讃岐味噌など) 甘くてなめらかな味噌。甘いのは麹が多く、塩が少ないから。また発酵・熟成期間は短いため、色の変化も少なく白い。酢味噌や関西の雑煮などに合う。

※( )内は、商品名や通称。生産地域の名前がついていることも多い。

「うかたま」28号 (2012年) より一部改変。　地図参考：「みそ知り博士のQ＆A 50」(みそ健康づくり委員会)

食材の旨みを汁ごと味わう 季節を感じる汁ものの魅力

本書に掲載された汁もの92品を比較してみると、食材の使い方や調理法に、その料理ならではの特徴や地域特性が見えてきます。レシピを読んで、つくって、食べるときに注目すると面白い、そんな視点を紹介します。

●丸ごとのおいしさを一杯に

家庭でつくられる汁ものの魅力は、汁に出ただしのおいしさと汁の実の食べごたえにあると思います。

魚の場合には丸ごと1尾を用いて、内臓や骨付きの頭、アラまで一緒に煮ることで、複雑で奥行きのある味わいが汁に濃縮されます。

茨城のどぶ汁（p16）は、豪快にぶつ切りにした身を肝や胃袋とともに煮る船上料理で、野菜とあんこうの水分だけで煮たそうです。青森のじゃっぱ汁（p12）はタラ1尾分のアラを使いました。山形の寒だら汁（p15）、富山のたら汁（p20）は、白子や内臓が入ってこその味です。宮城のどんこ汁（p14）、山口のめいぼの味噌汁（p24）は、白身のおいしさを濃厚な肝と一緒に味わうもの。北海道のかじかの味噌汁（p8）、福岡のわらすぼの味噌汁（p27）、兵庫のどぎ汁（p23）、愛媛のおつい（p26）などは、少々見た目はグロテスクだったり骨の多い小型魚を、汁でおいしく食べる好例でしょう。

●つみれ、すり身で味わう魚のおいしさ

小骨ごと、あるいは皮や中骨も一緒に細かくたたき、すり鉢ですってつみれやすり身だんごの汁にするものもあります。千葉のいわしのだんご汁（p18）、東京のたたき汁（p19）、岩手のさんまのすり身汁（p11）など、青魚をつみれにするものにはしょうがや味噌などが混ぜこまれ、風味よく仕上げる工夫がされています。白身魚のすり身にも少量の味噌を入れる石川のめぎすのだんご汁（p21）、茨城のよどのすまし汁（p30）がありますが、汁は吸いもの仕立てで淡泊な白身のおいしさが楽しめそうです。山口のえそのだんご汁（p25）は基本塩味だけで、澄んだだしの上品な味わいが見てとれます。

つみれ汁やすり身だんごの汁は、骨ごとすりつぶすことでカルシウムもとれますし、大量にとれる小魚や雑魚をおいしくたくさん食べるのに最適だったと考えられます。だしも出やすいですし、子どもも高齢者も食べやすく、一食でたくさん食べられるという利点もあったのだと思います（写真①②も参照）。

① 北海道の「ほっけのすり身汁」に使うすり身をつくる（レシピ掲載なし）。活きのよいほっけを使うとうま味が強く、汁にだしは不要でその味は格別。塩だけで粘りが出て、卵やかたくり粉などのつなぎは必要ない。（協力・山塙圭子／著作委員・宮崎早花）（撮影／高木あつ子）

② ほっけのすり身汁（完成）。すり身のほかには豆腐と長ねぎが入る。臭みがなく、しかもふんわりしていて子ども、高齢者にも喜ばれる。すり身はフライパンで焼いても、蒸しても、煮てもおいしい。（同右）

●滋養豊富な栄養食としての汁もの

岐阜の鯉こく（p31）や石川のれんこんのおつゆ（p62）は、出産後の母親の体力を回復し、母乳の出をよくする食べものとして、また病気の予防や快復にも意識的につくられました。香川のどじょう汁（p32）、大分のどじょう

汁（p34）、今ではどじょうの代わりに豚肉を使うという和歌山のおつけ（p99）などは、滋養があるだけでなく、稲作に関わる行事食と結びついた食材として記憶に残るものでした。土用の時期や稲刈り前に水田の水を干し上げると、泥からどじょうがにょきにょき出てきたそうです。大鍋でどじょう汁をつくってみんなで食べることで、地域のつながりを深め、夏バテ防止、そして秋口には体を温めて活力を生み出すことができました。泥臭いと思われているどじょうですが、しっかりと泥をはかせることと生きたまま調理すること、そして赤味噌あるいは白味噌など地元の人の口に合うこっくりした味噌味に仕上げることで、とてもおいしく食べられたそうです。

沖縄のヒージャー汁（p102）は、精がつくという山羊の肉や内臓を塩味だけで煮てヨモギで香りづけをします。同じく沖縄のいか墨汁（p48）は塩味の汁で、のぼせや血圧を下げる効果があり、夏の疲れが出る頃に積極的に食べる習慣があります。「調理科学の目1」（p120）にもあるように、くせのある食材を味噌味の汁にする地域は広くありますが、沖縄だけは塩味中心という地域性があるのも面白いものです。

●複数の実が一体化した第三の味

本書には、5から10種類以上にもおよぶ多様な食材を組み合わせて、ごった煮とも呼べるような具だくさんに仕上げた汁ものが出てきました。フランスでは、料理とワインが出会うこと（マリアージュ）で、それぞれのおいしさ以上の味わいが生まれることを「第三の味」と表現します。調理の段階で素材を組み合わせるのとは少し違うのですが、個々の素材ごとのおいしさの足し算以上の味わいを生み出すという意味で、ごった煮のおいしさにも通じるところがありそうです。

青森のけの汁（p52）、青森のせんべい汁（p53）、広島ののっぺい（p75）、山形のいも煮（p70、71）、愛媛のいもたき（p76）など、汁は少なく煮物ともいえるような食べごたえのある汁ものが全国にあることがわかります。かつお節や昆布など、うま味のあるだし食材をとくに使わない汁も多いです。

●実の少ないシンプルな汁もの

一方、主役となる食材だけ、あるいは1～3種の副材料を組み合わせるだけの、シンプルに汁と実のおいしさを味わうような汁ものもみられます。

千葉のあさりの味噌汁（p35）、茨城のしじみ汁（p36）、島根のにいなのすまし汁（p38）など貝が主役の汁ものや、鳥取のかに汁（p40）、鹿児島の山太郎がにの味噌汁（p44）、愛知のかに汁（p46）など、殻ごと煮る汁があります。殻ごと煮出すことで貝やカニの旨みが汁にしっかり出ますし、手間はかかりますが、ご飯と一緒に食べる汁の役割としては、ひと口、またひと口と時間をかけて殻をとりながら飯と汁を口に運ぶのはよいタイミングだとも考えられます。その殻をあらかじめとり除き、身と汁のおいしさをひと口に集約したものが高知のつがに汁（p42）です。

三重（p49）と長崎（p50）のあおさの味噌汁は、3～4月の春先、海のきれいな沿岸部でしかとれない生のあおさをさっと煮てつくります。汁をすするときの磯の香りと独特の食感がなんともいえないおいしさでしょう。

生ウニとアワビをかつおだしに合わせた青森のいちご煮（p47）は、量を減らすとうまくできないという白濁した潮汁が食欲をそそります。贅沢な食材を、年に数回の楽しみとしてたっぷり使って汁をつくっていました。

●汁そのものを味わう汁もの

汁に素材のおいしさをギュッと凝縮したような、汁そのものを味わう汁ものもあります。

静岡の自然薯のとろろ汁（p72）、岡山のつぐねいものとろろ汁（p74）は、ご飯をサラサラと流し込むように食べられる汁ものです。れんこんをすってだんごやすり流しにする石川のれんこんのおつゆ（p62）、ごまと味噌をすって汁にコクを出した滋賀の泥亀汁（p65）や三重のきゅうりの冷や汁（p64）、後述する粕汁や呉汁なども、とろりとした、あるいはどろりと濃厚な汁のおいしさが主役といえるでしょう。

即席でできる鹿児島の茶節（p28）、沖縄のカチューユー（p29）は、どちらもかつお節と味噌に湯または緑茶を注ぐだけのもので、いつでも、どこでも、各人が好みの味につくって飲めるという汁ものです。今ではパックの削り節が便利ですが、削りたてのかつお節の風味は格別だとされています。筆者も聞き書き調査をした際に、1960年代までは、忙しい朝に削り器でシューシューとかつお節を削るのは子どもの仕事だったという話を聞きました。懐かしい朝の風景です。

●食感が楽しい汁もの

本書では、ずいきのシャキシャキとした食感や、ほっくりした芋の食べごたえ、やわらかでなめらかなだんごのもっちり感を楽しむといった食感がそのおいしさのひとつにある汁ものが登場します。

東京のいもがらのおつゆ（p60）は、できたてはシャキシャキとした食感がよく、翌日に煮返してとろとろに煮くずれたものもまたおいしいという、食感の変化を楽しむ汁ものです。

干しずいきとだんごを組み合わせた富山の三日のだんご汁（p109）や兵庫のちょぼ汁（p110）、山ぐるみ入りの小さなだんごがたくさん入った岩手のまめぶ（p108）は、食感の対比が魅力です。愛媛のいもたき（p76）は、ごろごろと入った里芋やこんにゃく、仕上げに加えるシャキシャキのはすいもが食感に変化をつけています。

だんごにしても食感に違いが出るのが大分のおとし汁（p77）、山梨のもろこしのおつけだんご（p112）、長崎のじゃがだご汁（p113）、鹿児島のいもんせんのだんご汁（p114）です。それぞれ、里芋、山芋、とうもろこし粉、じゃがいも、さつまいもとその粉を使っただんごで、食感はふわふわ、もっちり、なめらかなどさまざまです。でんぷん質の食材を、だんごに仕立てて汁で食べる工夫があり、その食材の違いを地域ごとに比べてみることができます。

なめらかに見た目も美しく仕上げた「けいらん」は、だんごにこしあんが入った青森（p104）、くるみと黒糖が入った岩手（p106）、あんとくるみの秋田（p107）のように微妙な違いがあるのが面白いところです。

●春から夏にかけて味わう汁

季節感のある食材を主役に、その季節を楽しみに待ちわびてつくる汁ものがあります。

春の訪れを実感させるのは、岩手のひろっこ汁（p54）、福島のたけのこ汁（p56）、長野のたけのこ汁（p63）などです。

夏の汁ものには、ごまの香りと味噌味のしみたなすの組み合わせが夏バテを防止し、近江商人の活力の源になっていたという滋賀の泥亀汁（p65）があります。シャキシャキとしたきゅうりとしその葉、みょうがなど夏の香味野菜をアクセントにした三重のきゅうりの冷や汁（p64）も、白ごまと味噌をすってつくる夏の汁です。夏によく食べるそうめんの残りを食べきるための家庭的な汁もの、奈良のそうめんの味噌汁（p67）は、郷土料理本には決して紹介されない家庭料理ならではの一品でしょう。北海道のすしにしんの三平汁（p6）は、夏につくるとぬか漬けの塩気と酸味が食欲を刺激し、暑い時期の塩分と水分の補給にもなったそうです（写真③④も参照）。

③ 高知県の中でも、県西部の四万十川流域だけで使われるきびなごの煮干し。きびなごは、黒潮文化圏の鹿児島や高知でよく食べられるが、味噌汁や煮物の煮干しだしとして使うのはこの地域特有のこと。（協力・田辺客子／著作委員・福留奈美）（撮影／長野陽一）

④ きびなごだしの味噌汁（レシピ掲載なし）。写真は夏のもので実は豆腐とみょうが、青ねぎ。すっきりしたきびなごのだしと、さわやかなみょうがの香りがおいしい。（同右）

●冬の粕汁のいろいろ

酒の仕込みが行なわれる冬から春にかけて、搾りたての酒粕でつくる粕汁もまた、季節と地域性を感じさせる汁ものです。東京の千葉の粕汁（p59）は、秋にたくあんや切り干し大根を仕込む時に大量に出る大根葉を干して保存する干葉でつくります。手づくりの習慣が家庭にあり、大根葉を干す庭先があり、そして近くの酒蔵から搾りたての酒粕を買える近所づきあいのあった東京奥多摩の生活風景が垣間見えます。

讃岐三白として知られる白味噌を使ってつくる香川の粕汁（p68）は鶏肉を使うレシピですが、正月の新巻鮭のアラを使う地域もあるそうです。塩鮭と酒粕の組み合わせは、北海道（p10）、大阪（p22）、京都（p66）の粕汁でもみられます。塩気の強い新巻鮭は、酒粕を使うことで塩気がマイルドになっておいしく食べられたそうですが、減塩志向の強い昨今では辛口の塩鮭を見かけること自体が少なくなってきました。京都では塩鮭に代わって豚肉でつくることが多いそうで、時代の流れを感じさせます。

●大豆の汁のいろいろ

本書では、呉汁が7品登場しました。呉汁は、水に浸して膨潤させた大豆をすりつぶした呉を煮てつくりますが、大豆ではなく生落花生でつくる宮崎の落花生の呉汁（p88）は珍しく、食べてみたくなりました。

具の入らないシンプルな呉汁でも、福井の呉汁（p80）はぶくぶくと強火で沸騰させ泡立てること、岐阜のすったて（p84）は決して煮やさず（沸騰させず）なめらかに仕上げることがポイントです。こうした違いがなぜ生まれたのかはよくわかりませんが、どんなつくり方をしても呉は食べごたえがあっておいしく、栄養たっぷりのごちそうとして大豆が調理されていたことがわかります。

岡山（p82）、鳥取（p85）、佐賀（p86）、熊本（p87）の呉汁は、具だくさんに仕上げる食べごたえのある呉汁です。舌触り、噛みごたえはさまざまです。地域や家庭によって味噌をブレンドしたり、すり味噌にしたりとこだわりがあることも見比べられます。

豆腐が欠かせないけんちん汁は、その発祥の地といわれる神奈川（p89）で紹介されています（写真⑤も参照）。ほかに豆腐が主役となる汁には、愛知の八杯汁（p90）、広島のおおじる（p91）、沖縄のゆし豆腐（p92）があります。加えて滋賀の打ち豆汁（p93）、秋田（p94）や山形の納豆汁（p95）など、畑の肉といわれる大豆が、たんぱく質源として上手に汁ものでとられていたことがわかります。

宮城・色麻（しかま）町のじゅうねん入りけんちん汁（レシピ掲載なし）。根菜や豆腐のあっさりした汁に、すったじゅうねん（えごま）を加えることで、コクとうま味とまろやかさが増す。（協力・早坂静夫／著作委員・宮下ひろみ）（撮影／高木あつ子）

●塩くじらとサバ缶の汁

かつお節・煮干し以外で保存のきく動物性の食品としては、塩くじらとサバ缶が使われています。

北海道（p96）、新潟（p97）のくじら汁は、塩くじらの脂で冷めにくくなり、野菜もおいしく食べられます。また年越しや結婚式の縁起物として、さらには夏のスタミナ源として好んで食べられました。

福島（p56）と長野（p63）のたけのこ汁のように、だしいらずで便利においしく汁がつくれるということで、サバ缶を季節の食材に組み合わせた汁ものもあります。戦後から1960年代にかけてサケ缶、サバ缶などの缶詰製品が一般化し、海から遠い地域の家庭では塩漬け魚に代わってこうした缶詰の利用が定着したと考えられます。本書で対象とする1960年代までに定着していた家庭料理の中に、その時代としては目新しかったであろう缶詰製品の活用が含まれているのも興味深いことです。

＊　＊　＊

和食献立の基本の形である「飯・汁・菜・漬物」の中でも、味噌汁をはじめとする汁ものは、ご飯の横にいつもある食卓に欠かせない一品でした。本書を通読する中で、わが家の自慢の汁ものを、そして日本が誇る汁ものを、和食文化のキーコンテンツとして熱く語れる次世代を育てていきたいと改めて思いました。

（福留奈美）

調理科学の目 1

懐かしい汁ものを高齢化時代に楽しむ

大越ひろ（日本女子大学名誉教授）

　主食と汁の組み合わせは和食の基本で全国的にみられます。それだけに地域性も多様で、食べてホッと安心する汁ものの具体的なイメージはさまざまです。

　そこで、日本全国の汁ものについて、文献から収集したデータをもとに統計分析を行ない、結果をまとめた研究を参考に、汁ものの地域的特徴について書き出してみました。

　下村らは1980年代に、北海道から沖縄までを9地域に分類し、その地域でみられる郷土料理と行事食の中から、汁ものについて文献から抜き出し、だしの種類、汁の実、調味料などについて集計し、分類を試みています（※1）。

●地域で異なる汁ものの傾向

①だしの主な材料

〔北海道・東北、九州〕が似た傾向を示します。この地域は、特にだしを明示していなかったり、だしの種類が多様であったりしているようです。〔関東、中国、四国〕では、だしを使用していない（実のうま味を生かす）汁ものが多くみられます。

〔北陸、中部、関西〕では、昆布を用いた汁ものが多くみられたと分析しています。ことに関西地域は昆布だしを用いる精進料理が寺院で発達し、民間に広まった地域といえるので、北陸も中部地域も京都からの影響があったと推察できます。〔沖縄〕は他の地域と異なり、よく獣鳥肉類がだしとして用いられています。

②調味料の種類

〔北海道・東北、関東、中部〕では味噌と塩の割合が高く、醤油も併せて用います。〔北陸、関西、四国〕では味噌の割合が高くなっていました。〔中国、九州〕は味噌と醤油の割合が高くなっています。

〔沖縄〕は塩の割合が高く、他の地域と大きく異なる傾向を示しています。

　全域で、味噌を用いる汁が多いのは魚介類を実にする場合が多く、魚臭を消す役割をしていたものと推測しています。

③汁の実の材料

〔北海道・東北、関西、九州〕では魚介類と野菜類の割合が高くなっていました。〔関東、中国、四国〕のブロックでは、魚介類の割合が高く、かつ、だし汁をあえて用いていない地域でもありました。〔北陸、中部〕は魚介類と豆腐が多く、〔沖縄〕は獣鳥肉類の割合が高くなっています。

④汁の実の量

〔北海道・東北、沖縄〕で実の量が多い汁ものが多くみられました。〔四国、九州〕は実の多い汁ものと少ない汁ものが混在する地域です。〔北陸〕は実の量は中間くらいといえる地域です。〔関東、関西、中国〕は中間くらいから多いもの、少ないものが混在している地域です。〔中部〕は、実の量が少ない汁ものが多くなっていました。

　総合的な考察として「関西、中部、北陸地域はだしの材料に昆布を多く用い、また、汁の実の量が少ない地域であった。この地域から遠くなるに従い、実の旨味を利用したり、さまざまなだしの材料を使った汁ものが増す傾向にあり、汁の実の量が多くなっている」としています。

　比較すると、本書に掲載された汁ものでは北海道で昆布が利用されています。下村らが分析した文献と異なる理由を考えてみるのも興味深いことかもしれません。

●味噌汁はおふくろの味・わが家の味

　神奈川県横浜市の食生活に関する調査（※2）で、10代から70代までの男女に、おふくろの味について聞きました。いずれの年代でも男女を問わず「味噌汁」が上位に挙がっていました。この調査は昭和50年代に行なったものですが、その後の全国調査（平成17年）でも、味噌汁はほぼ毎日作っていることが明らかとなっています（※3）。

図1は各県で使用率トップの味噌をくくり直し表示した地図です。北海道・東北グループは米味噌が熟成した赤味噌系です。関東・甲信越のグループと北陸、近畿山陰グループは信州味噌を中心とした淡色系の米味噌です。九州、瀬戸内圏が麦味噌系と分類されます。一方、東海圏は豆味噌の赤味噌系で特徴的なグループになっています。

関東・甲信越・北陸
近畿・山陰
信州味噌を中心とした淡色味噌
北海道・東北
北海道味噌・津軽味噌・秋田味噌・仙台味噌・越後味噌など
九州・瀬戸内
麦味噌
東海
赤味噌（豆・辛口味噌系）
八丁味噌・三河味噌・尾張味噌など

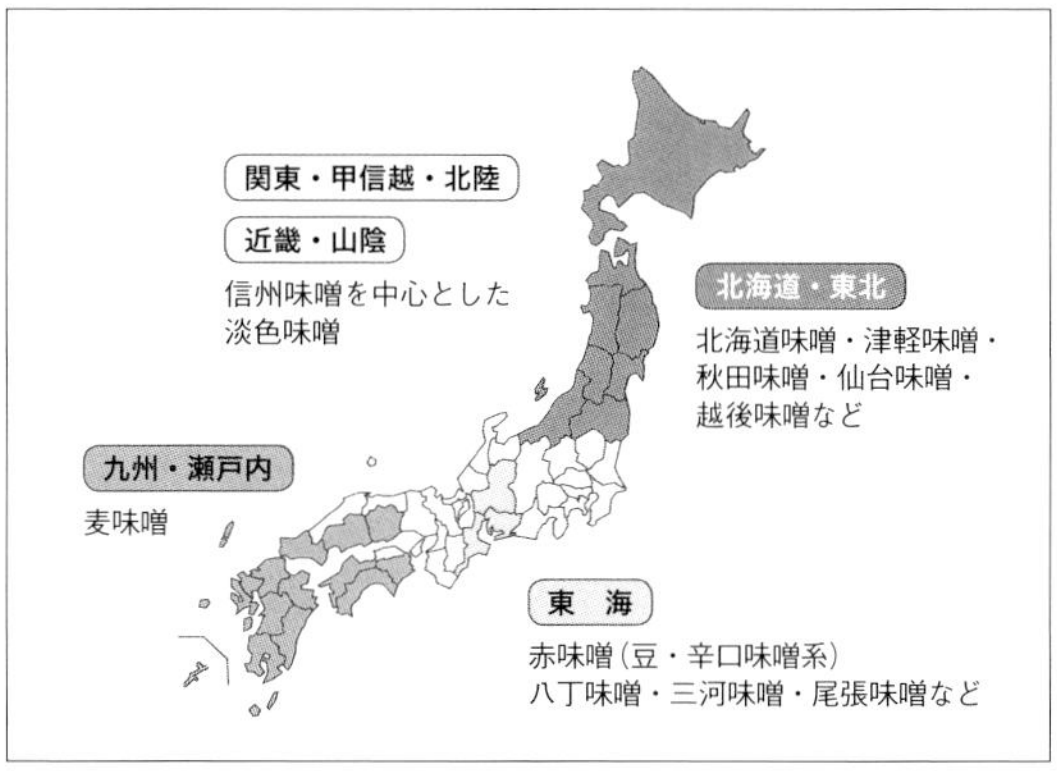

図1　味噌汁に使用されていた味噌の分類　（【※3】をもとに一部改変）

この調査を分析した藤井は、別の調査で味噌汁のだしの味については、九州・瀬戸内を主として煮干し・いりこが好まれ、他の多くの地域ではかつおが好まれるともしています。こうした地域ごとの傾向の上に、さらに多彩な家庭ごとの「わが家の味」の味噌汁が伝えられているようです。

●温かさを保つ「とろみ」

寒い時期の汁ものは、温かさもごちそうです。とくにとろみ（粘度）のついた汁は冷めにくく、体が芯から温まります。なぜとろみがつくと温度が下がりにくいのでしょうか。

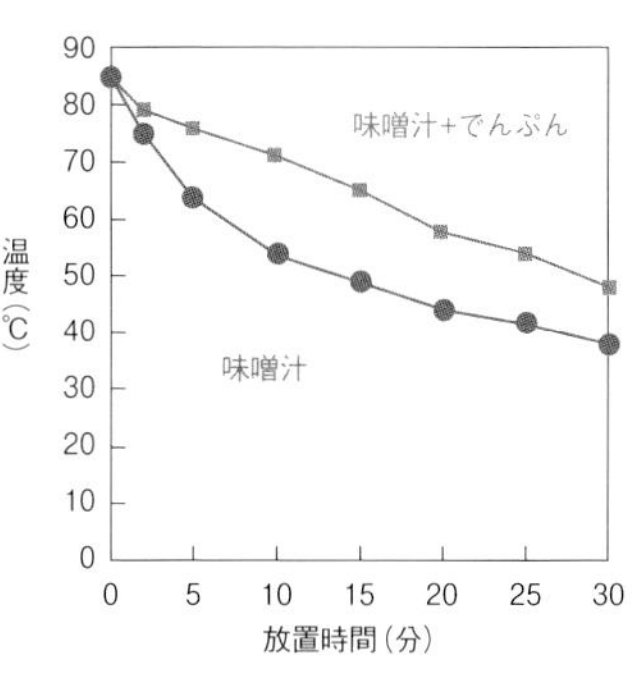

図2　味噌汁の放置時間による温度変化　（大越、未発表）

図2に示すように、味噌を溶いただけの味噌汁と、1%の片栗粉を加えた味噌汁をつくり、30分間の温度の変化を調べてみました。85℃の味噌汁が、約5分で65℃まで低下し、30分間で38℃まで冷めました。しかし、1%のとろみをつけた味噌汁は、65℃に低下するのに15分かかり、30分たっても50℃を維持していました。

液体は対流によって液体表面から熱を発散させます。液体表面の温度が低下すると、器の下の方から表面へと対流によって熱の移動が行なわれ、熱の発散が生じて温度が低下します。しかし、とろみがつくと、流れにくいため対流が起こりにくく、冷めにくくなるわけです。

具（実）の入っていない味噌汁を眺めると、味噌のたんぱく質（コロイド状になっている）がゆっくりと移動する様子が観察できます。日常の中でみられる熱移動の科学です。

●滋養食でもあるとろみの汁

とろみには誤嚥（ごえん）を防ぐ機能もあります。人は加齢とともに食べる機能が低下してきます。義歯の装着による咀嚼（そしゃく）機能の低下や、脳血管疾患や認知症が嚥下（えんげ）機能の障害につながることもあります。低栄養状態になると、筋力が低下する（サルコペニア＝筋減弱症）ために、嚥下筋の働きが弱って嚥下機能が低下する場合も認められています。

水のようにさらっとした、粘度が低い飲料は誤嚥により気管に流入する危険性が高くなります。すると誤嚥性肺炎が発症する可能性があるため、介護食ではとろみ調製食品を使って軽いとろみをつけることがあります。

本書に紹介された汁ものの中には、とろみ調製食品を使わなくても、適度なとろみがついているものがあります。酒粕を使った粕汁、里芋の入ったのっぺ汁、すりおろしたれんこんを使った汁、すりつぶした大豆を使った呉汁や納豆汁などです。これらの汁は、適度なとろみもあり栄養も豊富な、高齢者向きの滋養食ともいえるでしょう。こうした汁を、慣れた味噌や好みのだしの味つけで食べることが、介護食の満足度を向上させると思われます。

【※1】下村道子ら「郷土料理・行事食における汁物の分類」『調理科学』第21巻1号（日本調理科学会）（1988年）
【※2】大越ひろ・未発表
【※3】藤井俊樹「わが家の味の変身－日本全国「みそ汁の作り方調査」から－」『vesta』第61号（味の素食の文化センター）（2006年）

調理科学の目2

アクと加熱法と汁のおいしさ

石井克枝（千葉大学名誉教授）

	脂質	試料肉	たん白質
スープストック	1.6%		6.3%
あく	37.5%		1.8%
残肉	60.9%		90.0%

図　試料肉からスープストック・あくおよび残肉へのたん白質・脂質の移行割合
（【※1】より引用）

さまざまな実が だしとなる汁のおいしさ

和食の基本のだし素材はかつお節、煮干し、昆布、干し椎茸などですが、各地の郷土料理の汁ものを見ていくと、こうしただし素材からとっただし汁の他に、魚や貝、鶏肉や豚肉などの食材が汁の実であると同時に、だしの役割をしているものが多くあります。

魚介類・獣鳥肉類が水中で加熱されると、うま味成分のイノシン酸やアミノ酸類が溶けだしてきます。二枚貝はかたく閉じた貝が開く瞬間があります。およそ92℃で筋肉が凝固することで貝が開き、うま味成分のコハク酸が溶けだしてきます。干し椎茸からはグアニル酸が、野菜からは甘味の糖類やうま味のアミノ酸（グルタミン酸）が溶けだし、とくにイノシン酸とグルタミン酸は、相乗効果でよりうま味を強く感じることがわかっています。

しかし、いろいろな実の入った汁をずっと煮続けていると、うま味以外の成分も出てきて、いやな味や臭みなどを感じてしまうこともあります。これらの汁も、煮はじめのときにほんの少し火加減の工夫をしてアクを上手に除くことで、おいしい澄んだ汁にすることができます。

アクの成分と アクを除くタイミング

アクの成分として注目するのは、魚介類や獣鳥肉類では水溶性たんぱく質や脂質です。魚介類や肉類は水から入れ加熱すると、最初は透明な汁ですが温度が高くなるにつれ溶けだす成分が多くなり濁ってきます。

沸騰する直前の汁の表面に注目すると、泡立ってもこもこした塊ができてきます。これがアクです。このときの汁の温度は85℃から90℃ぐらいで、水溶性たんぱく質が熱で凝固し、その中に溶けだした脂質を包みこんでいます。このときを見逃さず火を加減します。少し火を弱め、アクが表面にとどまる火力にして、アクを除きます。このとき火力が強いとアクは汁の表面にとどまらず、汁の対流に巻きこまれて汁の濁りになってしまいます。

図は牛すじ肉からスープストックをとった場合に、たんぱく質や脂質がどれだけアク等に移行するかを計測したものです（※1）。肉から溶けだす脂質のかなりの部分はアクに集中していることがわかります。アクが濁りにならないように除くことが、過度な脂っこさを感じず、うま味が口の中に広がる、一層おいしい澄んだ汁に仕上げるポイントになります。

なお、野菜のアクは無機質が多く、苦味に関係してきます。そのため、アクの強いものはあらかじめ茹でこぼします。

また、二枚貝は貝が開く温度とアクが出てくる温度がほぼ同じで、貝が開くと同時にアクが出てくるので、すぐにアクを除きます。貝類の身の成分はコラーゲンが多く、加熱すると硬くなるので加熱しすぎないことで貝の身もやわらかくおいしく食べることができます。

アクが濁りになる前にとり除く（福岡の水炊き：撮影／長野陽一）

【※1】丸山悦子「スープストック（牛すね肉）の'あく'に関する研究」『調理科学』第10巻2号（日本調理科学会）（1977年）

都道府県別　掲載レシピ一覧

●1つが掲載レシピ1品を表します。

魚介

魚介加工品

海藻

肉・卵

穀物・穀物加工品

豆(大豆以外)・種実・豆加工品

調味料・油

※酒、みりん、緑茶、香辛料を含めない。項目ごとに五十音順。

野菜・野菜加工品

山菜・野草・山菜加工品

いも・いも加工品

きのこ（生、加工品）

大豆・大豆加工品

その他の協力者一覧

本文中に掲載した協力者の方々以外にも、調査・取材・撮影等でお世話になった方々は各地にたくさんおいでです。ここにまとめて掲載し、お礼を申し上げます。（敬称略）

北海道 石狩湾漁業協同組合・上山稔彦、前田正憲、松前町農漁村生活改善グループ、松前町教育委員会

青森県 津軽あかつきの会、さんのへ農産加工友の会、各地域（東青、下北、中南）県民局地域農林水産部農業普及振興室、笹森得子

岩手県 大和田ミチヨ、菊地ミヨ子、小松テイ子、柳久保チエ子

宮城県 沼倉美津江

山形県 JA鶴岡女性部、池田秀子

福島県 三瓶ミヤ子、市村實佐、増子ゆき子、増子美佐子

茨城県 行方市保健センター、大和文子、阿部民子、松本佳子、高橋かつ子、石田和子

栃木県 企業組合らんどまあむ

東京都 森谷久美子、磯部信子

新潟県 柏崎市食の地産地消推進会議、五十嵐芳子、佐藤澄子

福井県 吉田三恵、松田文代、伊与知江子、後藤あゆみ、高岡澄江

岐阜県 上手ひろ子、川渕佐栄子、井貝順子、木下美代子、山住信子

三重県 伊賀ふるさと農業協同組合・角田美智子

大阪府 山本善信・桂子

兵庫県 投石文子、北川和子

和歌山県 那賀振興局・森博子、海草振興局・武田眞理、伊都振興局・大東京子

鳥取県 山根厚子、舛井益子、石谷礼子、下根鈴江、山本花子、泉公子、日野智恵

島根県 島根県食生活改善推進協議会、前田秀子、馬場モトエ、西村初美、柴原康子、島根県立大学（平成30年度学術研究特別助成金）

岡山県 杉原百合子

広島県 山﨑憲子、廿日市市地御前市民センター

香川県 香川県酒造組合、高橋京子

愛媛県 近藤アケミ、近藤君子、大野洋子、吉岡アキコ、藤田玉枝、濵住千津子

高知県 松﨑淳子、小松利子、岩目博子、次田敏幸

長崎県 島原市食生活改善推進員協議会、島原市福祉保健部保険健康課健康づくり班

熊本県 熊本県農林水産部農村振興局むらづくり課、県北広域本部玉名地域振興局農林部農業普及・振興課

宮崎県 長野タマ子、長野峯子、椎葉村役場地域振興課

「伝え継ぐ 日本の家庭料理」著作委員一覧

（2019年10月1日現在）

北海道 菅原久美子（札幌国際大学短期大学部）／菊地和美（藤女子大学）／坂本恵（札幌保健医療大学）／木下教子（北翔大学）／土屋律子（元北翔大学）／藤本真奈美（光塩学園女子短期大学）／村上知子（元北海道教育大学）／山口敦子（天使大学）／佐藤恵（光塩学園女子短期大学）／伊木亜子（函館短期大学）／畑井朝子（元函館短期大学）／宮崎早花（酪農学園大学）／田中ゆかり（光塩学園女子短期大学）

青森県 北山育子（東北女子短期大学）／安田智子（東北女子短期大学）／真野由紀子（東北女子短期大学）／熊谷貴子（青森県立保健大学）／今井美和子（東北栄養専門学校）／澤田千晴（元東北女子短期大学）／下山春香（元東北女子短期大学）

岩手県 髙橋秀子（修紅短期大学）／長坂慶子（岩手県立大学盛岡短期大学部）／魚住惠（元岩手県立大学盛岡短期大学部）／菅原悦子（元岩手大学）／村元美代（盛岡大学）／渡邉美紀子（修紅短期大学）／佐藤佳織（修紅短期大学）／冨岡佳奈絵（修紅短期大学）／阿部真弓（修紅短期大学）／松本絵美（岩手県立大学盛岡短期大学部）／岩本佳恵（岩手県立大学盛岡短期大学部）

宮城県 高澤まき子（仙台白百合女子大学）／野田奈津実（尚絅学院大学）／和泉眞喜子（尚絅学院大学）／宮下ひろみ（東都大学）／濟渡久美（東北生活文化大学短期大学部）／矢島由佳（仙台白百合女子大学）

秋田県 高山裕子（聖霊女子短期大学）／熊谷昌則（秋田県総合食品研究センター）／長沼誠子（元秋田大学）／山田節子（元聖霊女子短期大学）／三森一司（聖霊女子短期大学）／髙橋徹（秋田県総合食品研究センター）／逸見洋子（元秋田大学）／大野智子（青森県立保健大学）／駒場千佳子（女子栄養大学）

山形県 齋藤寛子（山形県立米沢栄養大学）／宮地洋子（仙台青葉学院短期大学）／平尾和子（愛国学園短期大学）／佐藤恵美子（元新潟県立大学）

福島県 阿部優子（元郡山女子大学短期大学部）／加藤雅子（郡山女子大学短期大学部）／會田久仁子（郡山女子大学短期大学部）／中村恵子（福島大学）／柳沼和子（郡山女子大学）／津田和加子（桜の聖母短期大学）／福永淑子（文教大学）

茨城県 渡辺敦子（茨城キリスト教大学）／荒田玲子（常磐大学）／吉田恵子（つくば国際大学）／石島恵美子（茨城大学）／飯村裕子（常磐大学）／野口元子

栃木県 名倉秀子（十文字学園女子大学）／藤田睦（佐野日本大学短期大学）

群馬県 綾部園子（高崎健康福祉大学）／堀口恵子（東京農業大学）／神戸美恵子（桐生大学）／阿部雅子（東都大学）／高橋雅子（明和学園短期大学）／永井由美子（群馬調理師専門学校）／渡邉静（明和学園短期大学）

埼玉県 島田玲子（埼玉大学）／河村美穂（埼玉大学）／土屋京子（東京家政大学）／加藤和子（東京家政大学）／成田亮子（東京家政大学）／名倉秀子（十文字学園女子大学）／木村靖子（十文字学園女子大学）／松田康子（女子栄養大学）／駒場千佳子（女子栄養大学）／徳山裕美（帝京短期大学）

千葉県 渡邊智子（淑徳大学）／柳沢幸江（和洋女子大学）／今井悦子（聖徳大学）／石井克枝（元千葉大学）／中路和子／梶谷節子／大竹由美

東京都 加藤和子（東京家政大学）／宇和川小百合（東京家政大学）／赤石記子（東京家政大学）／伊藤美穂（東京栄養食糧専門学校）／色川木綿子（東京家政大学）／大久保洋子（元実践女子大学）／香西みどり（お茶の水女子大学）／佐藤幸子（実践女子大学）／白尾美佳（実践女子大学）／成田亮子（東京家政大学）

神奈川県 櫻井美代子（東京家政学院大学（非））／大越ひろ（元日本女子大学）／増田真祐美（成立学園高等学校）／大迫早苗（相模女子大学短期大学部）／酒井裕子（相模女子大学）／清絢／小川暁子（神奈川県農業技術センター）／河野一世（奈良食と農の魅力創造国際大学校）／津田淑江（元共立女子短期大学）

新潟県 佐藤恵美子（元新潟県立大学）／太田優子（新潟県立大学）／立山千草（新潟県立大学）／山口智子（新潟大学）／伊藤直子（元新潟医療福祉大学）／玉木有子（大妻女子大学）／伊藤知子（新潟県栄養士会）／小谷スミ子（元新潟大学）／山田チヨ（新潟県栄養士会）／松田トミ子（新潟県栄養士会）／長谷川千賀子（悠久山栄養調理専門学校）／渡邊智子（淑徳大学）

富山県 深井康子（富山短期大学）／守田律子（元富山短期大学）／原田澄子（金沢学院短期大学）／稗苗智恵子（富山短期大学）／中根一恵（富山短期大学）

石川県 新澤祥惠（北陸学院大学短期大学部）／川村昭子（元金沢学院短期大学）／中村喜代美（北陸学院大学短期大学部（非））

福井県 佐藤真実（仁愛大学）／森恵見（仁愛女子短期大学）／谷洋子（元仁愛大学）／岸松静代（元仁愛女子短期大学）

山梨県 時友裕紀子（山梨大学）／柘植光代（元日本女子大学）／阿部芳子（元相模女子大学）／松本美鈴（大妻女子大学）／坂口奈央（山梨県立北杜高

等学校）

長野県　中澤弥子（長野県立大学）／吉岡由美（元長野県短期大学）／高崎禎子（信州大学）／小木曽加奈（長野県立大学）／小川晶子（長野県立大学）

岐阜県　堀光代（岐阜市立女子短期大学）／西脇泰子（岐阜聖徳学園大学短期大学部）／長屋郁子（岐阜市立女子短期大学）／坂野信子（東海学園大学（非））／木村孝子（東海学院大学）／辻美智子（名古屋女子大学）／横山真智子（各務原市立桜丘中学校）／山根沙季（中京学院大学短期大学部）／長野宏子（元岐阜大学）

静岡県　新井映子（静岡県立大学）／高塚千広（東海大学短期大学部）／市川陽子（静岡県立大学）／伊藤聖子（静岡県立大学）／神谷紀代美（浜松調理菓子専門学校）／川上栄子（元常葉大学）／清水洋子（静岡英和学院大学短期大学部）／竹下温子（静岡大学）／中川裕子（実践女子大学）／村上陽子（静岡大学）

愛知県　西堀すき江（東海学園大学（非））／小出あつみ（名古屋女子大学）／近藤みゆき（名古屋文理大学短期大学部）／石井貴子（名古屋文理大学短期大学部）／小濱絵美（名古屋文理大学短期大学部）／加藤治美（名古屋文理栄養士専門学校）／山内知子（名古屋女子大学）／松本貴志子（名古屋女子大学短期大学部）／間宮貴代子（名古屋女子大学）／伊藤正江（至学館大学）／森山三千江（愛知学泉大学）／山本淳子（愛知学泉短期大学）／野田雅子（愛知淑徳大学（非））／廣瀬朋香（元東海学園大学）／亥子紗世（元東海学園大学）／筒井和美（愛知教育大学）／羽根千佳（元東海学園大学）

三重県　磯部由香（三重大学）／飯田津喜美（三重短期大学）／水谷令子（元鈴鹿大学）／成田美代（元三重大学）／平島円（三重大学）／久保さつき（鈴鹿大学）／鷲見裕子（高田短期大学）／乾陽子（鈴鹿大学短期大学部）／駒田聡子（皇學館大学）／阿部稚里（三重短期大学）／奥野元子（元島根県立大学短期大学部）／萩原範子（元名古屋学芸大学短期大学部）／小長谷紀子（安田女子大学）

滋賀県　中平真由巳（滋賀短期大学）／山岡ひとみ（滋賀短期大学）／石井裕子（武庫川女子大学（非））／小西春江（園田学園女子大学短期大学部）／久保加織（滋賀大学）／堀越昌子（京都華頂大学）

京都府　豊原容子（京都華頂大学）／湯川夏子（京都教育大学）／桐村ます美（元成美大学短期大学部）／河野篤子（京都女子大学）／坂本裕子（京都華頂大学）／福田小百合（京都文教短期大学）／米田泰子（元京都ノートルダム女子大学）

大阪府　東根裕子（甲南女子大学）／八木千鶴（千里金蘭大学）／阪上愛子（元堺女子短期大学）／澤田参子（元奈良文化女子短期大学）／原知子（滋賀短期大学）／山本悦子（元大阪夕陽丘学園短期大学）

兵庫県　田中紀子（神戸女子大学）／片寄眞木子（元神戸女子短期大学）／坂本薫（兵庫県立大学）／富永しのぶ（兵庫大学）／本多佐知子（金沢学院短期大学）／中谷梢（関西福祉科学大学）／作田はるみ（神戸松陰女子学院大学）／原知子（滋賀短期大学）

奈良県　喜多野宣子（大阪国際大学）／志垣瞳（帝塚山大学（非））／三浦さつき（奈良佐保短期大学）／島村知歩（奈良佐保短期大学）

和歌山県　青山佐喜子（大阪夕陽丘学園短期大学）／三浦加代子（園田学園女子大学）／川原崎淑子（元園田学園女子大学短期大学部）／橘ゆかり（神戸松蔭女子学院大学）／川島明子（園田学園女子大学）／千賀靖子（元樟蔭東短期大学）

鳥取県　松島文子（鳥取短期大学）／板倉一枝（鳥取短期大学）

島根県　石田千津恵（島根県立大学）／藤江未沙（松江栄養調理製菓専門学校）

岡山県　藤井わか子（美作大学短期大学部）／青木三恵子（高知大学（客））／小川眞紀子（ノートルダム清心女子大学）／槇尾幸子（元中国学園大学）／大野婦美子（くらしき作陽大学）／藤堂雅恵（研）（美作大学）／人見哲子（美作大学）／新田陽子（岡山県立大学）／我如古菜月（岡山県立大学）／加賀田江里（中国短期大学）／藤井久美子（山陽学園大学）

広島県　岡本洋子（広島修道大学）／村田美穂子（広島文化学園短期大学）／渡部佳美（広島女学院大学）／石井香代子（福山大学）／奥田弘枝（元広島女学院大学）／海切弘子（研）（広島大学大学院）／上村芳枝（比治山大学（非））／木村留美（広島国際大学）／近藤寛子（福山大学）／渕上倫子（元福山大学）／前田ひろみ（広島文化学園短期大学）／木村安美（九州大学）／高橋知佐子（福山大学（非））／塩田良子（広島文教大学）／政田圭子（元鈴峯女子短期大学）／小長谷紀子（安田女子大学）／山口享子（中国学園大学（嘱））／北林佳織（比治山大学）

山口県　五島淑子（山口大学）／園田純子（山口県立大学）／池田博子（元西南女学院大学短期大学部）／櫻井菜穂子（宇部フロンティア大学短期大学部）／廣田幸子（山陽学園短期大学）／福田翼（水産大学校）／山本由美（元池坊短期大学）／森永八江（山口大学）

徳島県　髙橋啓子（四国大学）／金丸芳（徳島大学）／松下純子（徳島文理大学短期大学部）／長尾久美子（徳島文理大学短期大学部）／近藤美樹（徳島文理大学）／後藤月江（四国大学短期大学部）／三木章江（四国大学短期大学部）／川端紗也花（四国大学）／坂井真奈美（徳島文理大学短期大学部）

香川県　次田一代（香川短期大学）／加藤みゆき（元香川大学）／川染節江（元明善短期大学）／村川みなみ（香川短期大学）／渡辺ひろ美（香川短期大学）

愛媛県　亀岡恵子（松山東雲短期大学）／宇高順子（愛媛大学）／香川実恵子（松山東雲女子大学（非））／武田珠美（熊本大学）／皆川勝子（松山東雲短期大学）

高知県　小西文子（東海学院大学）／五藤泰子（高知学園短期大学（非））／野口元子／福留奈美（東京聖栄大学）

福岡県　三成由美（中村学園大学）／松隈美紀（中村学園大学）／宮原葉子（中村学園大学）／入来寛（中村学園大学）／御手洗早也伽（中村学園大学）／熊谷奈々（中村学園大学）／大仁田あずさ（元中村学園大学）／八尋美希（近畿大学九州短期大学）／秋永優子（福岡教育大学）／川島年生（中村学園大学（非））／新冨瑞生（九州女子大学）／末田和代（元精華女子短期大学）／楠瀬千春（九州栄養福祉大学）／仁後亮介（中村学園大学短期大学部）／吉岡慶子（元中村学園大学）／猪田和代（太刀洗病院）／山本亜衣（九州女子大学）

佐賀県　西岡征子（西九州大学短期大学部）／副島順子（元西九州大学）／武富和美（西九州大学短期大学部）／萱島知子（佐賀大学）／成清ヨシヱ（元西九州大学短期大学部）／橋本由美子（西九州大学短期大学部（非））

長崎県　冨永美穂子（広島大学）／久木野睦子（活水女子大学）／石見百江（長崎県立大学）

熊本県　秋吉澄子（尚絅大学短期大学部）／北野直子（元熊本県立大学）／戸次元子（老健施設もやい館）／川上育代（尚絅大学）／原田香（尚絅大学短期大学部）／中嶋名菜（熊本県立大学）／小林康子（尚絅大学短期大学部）／柴田文（尚絅大学短期大学部）

大分県　西澤千惠子（元別府大学）／篠原壽子（東九州短期大学）／立松洋子（別府大学短期大学部）／望月美左子（別府溝部学園短期大学）／高松伸枝（別府大学）／宇都宮由佳（学習院女子大学）／山嵜かおり（東九州短期大学）／麻生愛子（東九州短期大学）

宮崎県　篠原久枝（宮崎大学）／長野宏子（元岐阜大学）／磯部由香（三重大学）／秋永優子（福岡教育大学）

鹿児島県　森中房枝（鹿児島純心女子大学）／木之下道子（鹿児島純心女子大学）／進藤智子（鹿児島純心女子短期大学）／山﨑歌織（鹿児島女子短期大学）／木戸めぐみ（鹿児島女子短期大学）／大倉洋代（鹿児島女子短期大学（非））／大富あき子（東京家政学院大学）／大山典子（鹿児島純心女子短期大学）／新里葉子（鹿児島純心女子大学）／福元耐子（鹿児島純心女子大学）／山下三香子（鹿児島県立短期大学）／木下朋美（鹿児島県立短期大学）／大富潤（鹿児島大学）／竹下温子（静岡大学）／千葉しのぶ（鹿児島女子短期大学）／久留ひろみ

沖縄県　田原美和（琉球大学）／森山克子（琉球大学）／我那覇ゆりか（沖縄大学）／大城まみ（琉球大学）／名嘉裕子（デザイン工房美南海）

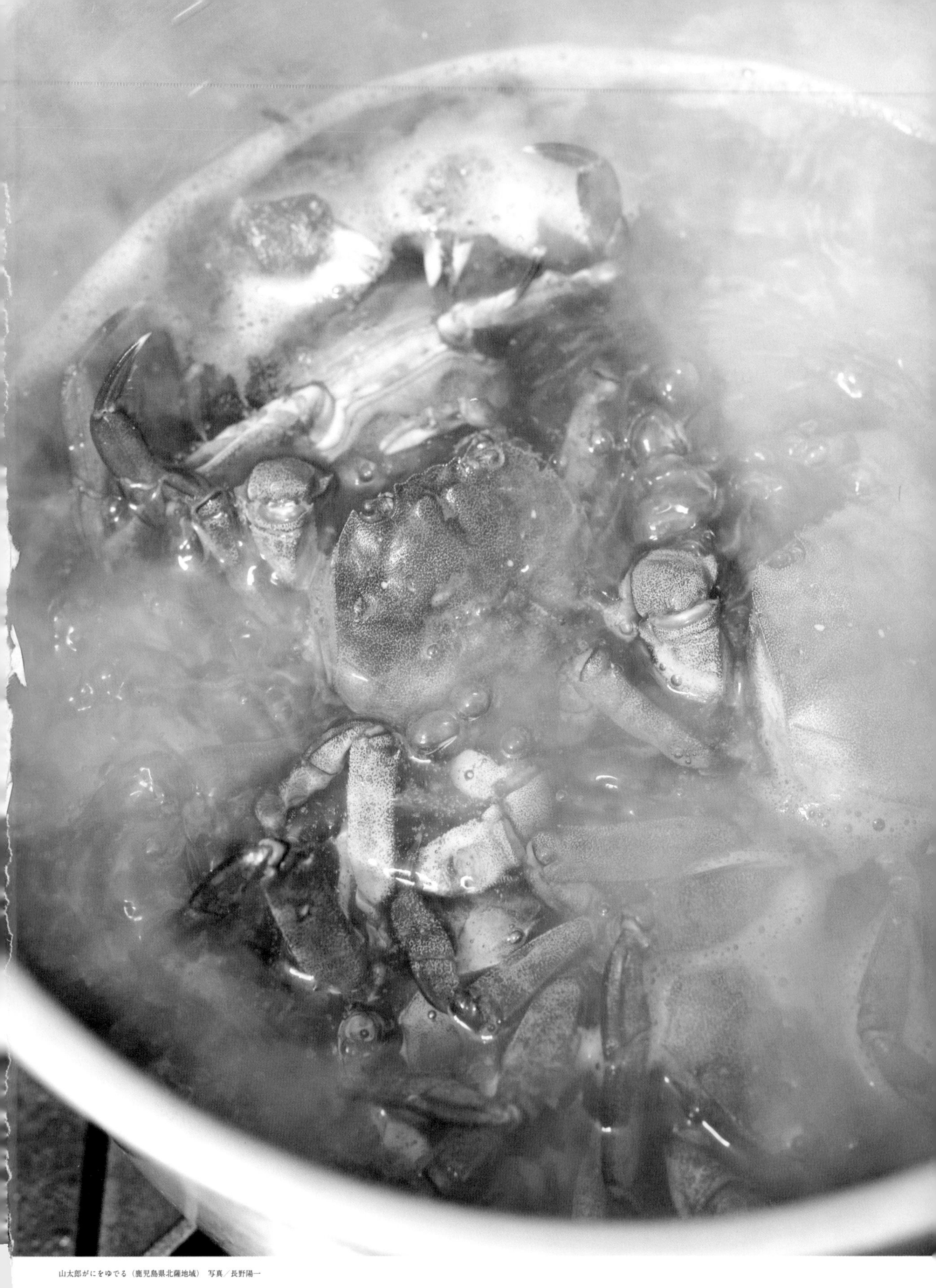

山太郎がにをゆでる（鹿児島県北薩地域）　写真／長野陽一

左上から右へ、あんこうのどぶ汁（茨城県北茨城市）、けの汁の材料を刻む（青森県弘前市）、とろろ汁（岡山県津山市）、いか墨汁で使うアオリイカをさばく（沖縄県）、ちょぼ汁の味噌を溶く（兵庫県南あわじ市）、じゃっぱ汁をつくる（青森県今別町）、たけのこ汁（福島県郡山市湖南町）、つがにの仕掛けを引き上げる（高知県仁淀川）　写真／五十嵐公、長野陽一、高木あつ子

全集
伝え継ぐ 日本の家庭料理

汁もの

2020年11月10日　第1刷発行

企画・編集
一般社団法人 日本調理科学会

発行所
一般社団法人 農山漁村文化協会
〒107-8668 東京都港区赤坂7-6-1
☎ 03-3585-1142（営業）
☎ 03-3585-1145（編集）
FAX 03-3585-3668
振替 00120-3-144478
http://www.ruralnet.or.jp/

アートディレクション・デザイン
山本みどり

制作
株式会社 農文協プロダクション

印刷・製本
凸版印刷株式会社

<検印廃止>
ISBN978-4-540-19185-5

定価はカバーに表示

乱丁･落丁本はお取替えいたします

本扉裏写真／戸倉江里（佐賀県・ゆきのつゆ）
扉写真／五十嵐公（p5、52、79）、奥山淳志（p103）

本書は「別冊うかたま」2019年12月号を書籍化したものです。

「伝え継ぐ 日本の家庭料理」出版にあたって

一般社団法人 日本調理科学会では、2000年度以来、「調理文化の地域性と調理科学」をテーマにした特別研究に取り組んできました。2012年度からは「次世代に伝え継ぐ 日本の家庭料理」の全国的な調査研究をしています。この研究では地域に残されている特徴ある家庭料理を、聞き書き調査により地域の暮らしの背景とともに記録しています。

こうした研究の蓄積を活かし、「伝え継ぐ 日本の家庭料理」の刊行を企図しました。全国に著作委員会を設置し、都道府県ごとに40品の次世代に伝え継ぎたい家庭料理を選びました。その基準は次の2点です。

①およそ昭和35年から45年までに地域に定着していた家庭料理
②地域の人々が次の世代以降もつくってほしい、食べてほしいと願っている料理

そうして全国から約1900品の料理が集まりました。それを､「すし」「野菜のおかず」「行事食」といった16のテーマに分類して刊行するのが本シリーズです。日本の食文化の多様性を一覧でき、かつ、実際につくることができるレシピにして記録していきます。ただし、紙幅の関係で掲載しきれない料理もあるため、別途データベースの形ですべての料理の情報をさまざまな角度から検索し、家庭や職場、研究等の場面で利用できるようにする予定です。

日本全国47都道府県、それぞれの地域に伝わる家庭料理の味を、つくり方とともに聞き書きした内容も記録することは、地域の味を共有し、次世代に伝え継いでいくことにつながる大切な作業と思っています。読者の皆さんが各地域ごとの歴史や生活習慣にも思いをはせ、それらと密接に関わっている食文化の形成に対する共通認識のようなものが生まれることも期待してやみません。

日本調理科学会は2017年に創立50周年を迎えました。本シリーズを創立50周年記念事業の一つとして刊行することが日本の食文化の伝承の一助になれば、調査に関わった著作委員はもちろんのこと、学会として望外の喜びとするところです。

2017年9月1日
一般社団法人 日本調理科学会　会長　香西みどり

＊なお、本シリーズは聞き書き調査に加え、地域限定の出版物や非売品の冊子を含む多くの文献調査を踏まえて執筆しています。これらのすべてを毎回列挙することは難しいですが、今後別途、参考資料の情報をまとめ、さらなる調査研究の一助とする予定です。

<日本調理科学会 創立50周年記念出版委員会>
委員長　香西みどり（お茶の水女子大学教授）
委　員　石井克枝（千葉大学名誉教授）
同　今井悦子（聖徳大学教授）
同　真部真里子（同志社女子大学教授）
同　大越ひろ（日本女子大学名誉教授）
同　長野宏子（岐阜大学名誉教授）
同　東根裕子（甲南女子大学准教授）
同　福留奈美（東京聖栄大学准教授）